HOMO SAPIENS

HOMO SAPIENS

Préface de Boris Cyrulnik

TALLANDIER

18, rue Dauphine
75006 Paris

SOMMAIRE

Deuxième partie
Comprendre les mécanismes de l'évolution

Troisième partie
Sociabilité et culture comme moteurs de l'évolution

PRÉFACE
LES ORIGINES DE L'HOMME

Boris Cyrulnik

Quel étrange plaisir que celui de partir à la recherche de ses origines !

Quand le monde mental d'un enfant se développe, arrive toujours un moment où il se pose le problème de ses origines. « Puisque je n'ai pas toujours été là, par quel mystère suis-je au monde aujourd'hui ? » se demande le petit. Cette énigme délicieuse, l'invite à chercher dans le réel quelques indices qui lui permettront de s'en construire une représentation. Cette question fondatrice l'invite très tôt à se faire une théorie de la sexualité : « Je suis donc issu d'une rencontre sexuelle ! ». Tant que l'enfant n'éprouve pas de désir, il a du mal à accepter qu'un acte si ridicule soit à l'origine de la merveille d'exister. Alors, pour retrouver un peu de dignité et donner cohérence au dévoilement de ses origines, il invente un roman merveilleux, un mythe fondateur qui explique l'incroyable miracle d'être là.

Ce plaisir narcissique est loin d'être inutile : « Quand je découvre mes ancêtres qui sont à l'origine de moi, je travaille à me fournir une image de moi bien plus étendue que celle que j'avais quand je ne savais pas encore que j'étais le descendant de ces gens si lointains ». Ce supplément d'identité est source de plaisir, de fierté et de honte. Parfois, il s'agit d'une simple dilatation du moi quand le fouilleur d'archives découvre que parmi ses ancêtres, il y avait un grand homme. Cette trouvaille est fréquente et tout le monde s'arrange pour ne pas faire remarquer que chacun d'entre nous peut affirmer que dans son arbre généalogique il y a presqu'à coup sûr, une reine, une pute, un gendarme, un voleur, un surdoué et un débile. Le plaisir est si grand que, même lorsqu'on découvre un bagnard on s'en amuse, on en est fier, alors que s'il s'agissait de notre père, on risquerait de mourir de honte et de désespoir. La représentation du temps modifie la manière dont on éprouve son passé, et le sens ne sera plus le même. Le fait de découvrir d'où l'on vient bouleverse le sens que l'on attribue à ce qu'on perçoit. Comme si l'on tenait le raisonnement suivant : « J'étais malheureux d'habiter dans ce petit logement sans lumière. Mais j'apprends que la vie devait être terrifiante à l'époque où l'on disputait aux charognards les restes de viande qui collaient encore aux os des cadavres abandonnés. Notre existence a fait des progrès extraordinaires. Mon deux-pièces sans lumière, je n'ai pas à m'en plaindre ». Le simple fait de se décentrer des perceptions immédiates modifie le sens que l'on attribue à ce qui nous entoure.

Les sans-origines, ceux qui ne savent pas d'où ils viennent, les métèques, les pupilles et les abandonnés sont ambivalents envers leurs origines. Ils hésitent entre deux figures de l'imaginaire[1] : enfant de prince ou fils de pute ?

Ceux qui n'ont pas d'origine flottent dans une vie difficile à senser : « Pourquoi ce métier ? Pourquoi cette femme, ou ce pays, cette direction ou une autre, pas grande différence ». Le simple fait de savoir qu'on descend des animaux, ou plutôt qu'on partage une partie du monde avec eux change la représentation qu'on se fait de soi-même et nos engagements dans ce monde. « Puisque j'appartiens au monde vivant, je ne peux pas tout me permettre, il faut que je tienne compte de leur existence aussi ».

D'autres, parmi nous souffrent d'un excès d'origine : « Je dois me soumettre aux préceptes de ma famille qui depuis saint Louis arrange nos mariages… Je dois obéir à mon père qui m'oblige à

1. DAUBIGNY C., 1994. *Les origines en héritage*, Syros.

un métier… Je dois accepter l'influence de mon groupe qui me fait croire que mes origines sont surnaturelles… Toute rébellion, toute indifférence prendrait la signification d'une trahison ou d'un blasphème ». On peut aussi penser que puisque je ne suis qu'un singe, je peux me comporter selon l'idée que je me fais de la condition animale. La découverte de nos origines modifie en effet la manière dont on se pense.

Ceux qui n'ont pas d'origines, éprouvent les angoisses que donne la liberté. Parfois, ils se réfugient dans l'adoration de soi et, ravis, se noient dans leur image. Ceux qui ont trop d'origines, prisonniers de leur passé s'engourdissent dans la répétition du même.

Entre la solitude des sans origines et la prison des excès d'origines, l'évolution permet un autre regard. Dans cette stratégie de la représentation de soi, il faut se décentrer, aller visiter d'autres mondes et accepter de se penser en termes instables. Ça amuse les explorateurs de mondes inconnus mais ça énerve les adorateurs de certitudes !

Tous les auteurs de ce livre tentent de répondre à la question enfantine donc fondamentale : « Si je sais d'où je viens, je saurai qui je suis et ce qui vaut pour moi ». Vous remarquerez que de nombreux chapitres parlent de rupture : « L'homme quitta les singes ». « L'East Side Story n'existe plus », nouveaux fossiles, nouvelles espèces, nouveaux génomes, apparition de l'autel, du langage, de l'art, de la musique, de la culture, de la religion et de la guerre. Il y a toujours un évènement fondateur à l'origine d'un homme, un acte créateur, sexuel, mental ou social. En fait, cet évènement fondateur parle de naissance.

La biologie sexuelle et la culture se trouvent étrangement mêlées. Les gamètes ne circulent que selon les circuits autorisés par la culture. Afin de préserver notre narcissisme, nous nous arrangeons pour penser que nous ne sommes pas vraiment le produit d'un écoulement sexuel, nous sommes transcendants puisque cet acte périnéal donne accès à la spiritualité, en mettant des âmes au monde et en respectant les Commandements d'un Être Surnaturel qui nous dit qui peut s'accoupler avec qui.

Les théories sur nos origines, à l'époque encore récente où nous n'avions aucune connaissance, prouvent à quel point nous fonctionnions comme dans la sexualité infantile : nous imaginions des scénarios d'horreur dont la représentation insupportable provoquait un refoulement qui explique notre clivage. Nous hésitions entre l'interdit de faire des recherches sur nos origines obscènes, et le mythe fondateur dont nous faisions une fable poétique, violente et amusante, une fantasmagorie compatible avec les théories sociales de l'époque.

Au Moyen-Âge, ça ne posait aucun problème. On acceptait sans peine que tout être vivant participe à la « chaîne des êtres » et qu'une plante, un insecte, un mammifère ou un homme constituent des prodiges qui, du simple fait d'être là sont des preuves indiscutables du dessein du Créateur.

Le clivage est apparu lors de la Renaissance[1] où une partie de la population européenne a exprimé sa haine de tout ce qui bouge : le ciel est immuable, les êtres vivants n'évoluent pas et l'homme ne peut changer ni sa nature, ni sa société. Celui qui dit le contraire aura la langue arrachée, le corps roué, brûlé, torturé, excommunié, rééduqué et tous les participes passés que vous pouvez inventer ont eu pour fonction de réduire au silence ceux qui osaient penser que le vivant était mobile. L'homme doit rester unique et sa nature ne peut qu'être surnaturelle.

Les adorateurs de l'ordre estiment qu'il convient de mettre à mort les amoureux du changement. Quel curieux choix ! « Deux grands dangers menacent l'homme disait Paul Valery : le premier c'est le désordre et le deuxième c'est l'ordre ». Entre le chaos qui empêche la vie, et la pétrification qui l'éteint, le monde vivant n'hésite jamais, il choisit le changement que l'on peut appeler évolution.

Si vous cherchez des certitudes, ne lisez pas ce livre. Mais si vous aimez l'exploration, le doute et la poésie, soyez sûr que vous serez surpris.

---

1. SUSANNE C., 2003 *L'histoire de l'évolution humaine*. In : Anthropologie biologique, Bruxelles, De Boeck.

ET L'HOMME QUITTA LES SINGES

Richard DELISLE

En même temps que l'idée d'évolution biologique a commencé à se diffuser, au XIX*e siècle, l'existence d'un arbre généalogique commun à l'homme et aux singes est devenue une évidence pour les naturalistes. Mais comment disposer les branches de cet arbre ? Entre 1860 et 1930, un grand nombre de propositions, dites « polyphylétiques » associèrent plus étroitement les populations de diverses parties du monde avec différentes espèces de singes. Ce n'est qu'après la découverte de nombreux fossiles d'hommes anciens que ces hypothèses ont été abandonnées et que l'unicité de l'espèce humaine a été unanimement reconnue .*

Aucun biologiste ne discute aujourd'hui de l'unité, ni de l'homogénéité, de l'espèce humaine. Tous s'accordent à reconnaître qu'elle est séparée de ses plus proches parents, les grands singes (le chimpanzé, le gorille et l'orang-outan), par au moins cinq millions d'années d'évolution. Toutefois, cette unanimité est relativement récente : elle a à peine plus de soixante-dix ans. La place que l'on croit aujourd'hui reconnaître à l'homme parmi les primates est le fruit d'une démarche plus longue et plus difficile qu'on ne le pense habituellement.

Certes, dès 1809, Jean-Baptiste Lamarck a avancé l'idée, dans sa *Philosophie zoologique*, que la branche humaine aurait pu évoluer à partir d'une forme ancestrale de grands singes s'approchant de ce qu'il nomme l'orang d'Angola (en fait, le chimpanzé). Un demi-siècle plus tard, cette idée a été précisée et reprise avec force par plusieurs naturalistes : Thomas Huxley, Ernst Haeckel et, le plus célèbre d'entre eux, Charles Darwin, qui publia *La Descendance de l'homme* en 1871. Si l'on ne retenait du passé que la pensée de ces auteurs, qui se rapproche de celle des biologistes contemporains, on pourrait croire que le XIXe siècle aurait permis de fixer un cadre général évolutif reposant sur la séparation de l'homme et des grands singes exclusivement. Le XXe siècle n'aurait alors servi qu'à confirmer ce cadre en précisant davantage la nature des relations phylogénétiques à l'aide de fossiles.

CONTES, MYTHES ET RÉCITS

En fait, la réalité est plus complexe. À une période de confusion sur le nombre et l'identité des primates aux XVIIIe et XIXe siècles succéda, de 1860 à 1930, une période d'incertitude réelle et profonde sur la nature des relations phylogéniques entre les variétés de l'homme et l'ensemble des autres primates. Jusqu'en 1930, un nombre non négligeable d'anatomistes et d'anthropologues, bien que ralliés à l'idée d'évolution, ont proposé d'autres façons de voir ces relations. En particulier, la thèse « polyphylétique », qui rattachait plus étroitement les différentes populations humaines à différentes espèces de singe, connut une certaine popularité et de nombreuses variantes. Ces propositions sont oubliées par les biologistes actuels, et négligées par bon nombre d'historiens des sciences. Toutefois, leur existence même témoigne que l'acceptation généralisée que l'homme occupe une branche bien à part dans l'arbre phylogénique des grands singes n'a été possible qu'après la découverte de nombreux fossiles d'hommes anciens à la fin du XIXe siècle et au début du XXe.

L'histoire de la conscience occidentale à l'égard de la diversité des formes humaines et animales a commencé au Moyen

Âge. Elle s'est élaborée dans la foulée de contes, de mythes et de récits de voyages, d'abord hérités de l'Antiquité, puis continuellement retranscrits, modifiés, voire enrichis, jusqu'à la Renaissance. Ces écrits faisaient référence à des créatures humanoïdes hybrides, déformées, monstrueuses, ou à mi-chemin entre l'homme et l'animal, telles que les géants, les pygmées, les hommes sauvages (velus, avec ou sans queue), les acéphales (sans tête), les antipodes (les pieds à l'envers), les cyclopes (un seul œil), les cynocéphales (corps d'homme et tête de chien), etc.

Fallait-il croire à l'existence de toutes ces créatures ? Dans le doute, saint Augustin, au tournant du IVe et du Ve siècle, écrivit que, dans une telle éventualité, il faudrait voir dans ces aberrations le plan délibéré de la création divine. La voie était ainsi ouverte à la tradition voulant que ces créatures pouvaient être assimilées à la descendance d'Adam et d'Ève, car faisant partie de la nature indépendamment du mal qui, peut-être, les affligeait. Au sein d'une autre tradition, folklorique et païenne celle-là, la vision théologique fut contournée afin de voir dans ces créatures à la fois merveilleuses et effrayantes des manifestations qui allaient contre la nature des choses. Par exemple, à la fin du XVIe siècle, Giordano Bruno nia qu'elles aient pu descendre du couple biblique originel.

RÉPERTOIRES VIVANTS ET FOSSILES

Lentement, le regard occidental se dissipa sur un monde mythique et mystérieux où l'imaginaire constituait le principe générateur d'images. La nature et l'homme se démystifièrent pour devenir eux-mêmes objets d'étude et de comparaison. L'histoire naturelle, l'anatomie comparée et la dissection participèrent de cette nouvelle mouvance qu'était l'homme naturalisé. Ainsi, la quête moderne pour établir la place de l'homme dans la nature a nécessité une mutation conceptuelle et épistémologique profonde pour laquelle le XVIIIe siècle a été une période charnière. Afin d'étudier l'homme en le comparant aux autres animaux, il fallait d'abord accepter que cette comparaison puisse être pertinente, car révélatrice d'un état commun. Cette nouvelle attitude rendit finalement possible au XIXe siècle la formulation de la théorie de l'évolution biologique où l'homme et les animaux sont perchés côte à côte au sein du même arbre généalogique.

Toutefois, ce seul changement d'attitude au XVIIIe siècle ne suffisait pas. Avant de songer à proposer des théories quant à leurs relations phylogénétiques, encore fallait-il identifier, nommer, décrire, comparer et classer les animaux et les variétés de l'espèce humaine. Ce vaste chantier se poursuivit tout au long des deux siècles suivants. S'il consistait d'abord à répertorier uniquement les formes vivantes, tâche déjà colossale, la découverte de la très grande ancienneté de la vie sur Terre obligeait aussi à répertorier les formes fossiles. Nous ne saisissons aujourd'hui qu'avec peine les incertitudes et les confusions qui jadis régnaient quant aux créatures réelles et fictives, même pour un esprit scientifique.

En 1758, dans la dixième édition de son *Système de la nature*, Linné établit une classification, courante aujourd'hui, qui distingue l'homme des singes. Mais celle-ci différait de la nôtre sur deux points importants. Premièrement, Linné reconnaissait quatre variétés couramment identifiées à l'époque dans l'espèce *Homo sapiens* : les hommes d'Amérique, d'Europe, d'Asie et d'Afrique. Mais il nomma en plus deux nouvelles variétés : *Homo sapiens ferus*, qui regroupait des individus qui avaient vécu à l'état sauvage hors de la société humaine, le plus souvent des enfants perdus en forêt en très jeune âge et qui avaient survécu ; et *Homo sapiens monstrosus*, qui recouvrait des individus affligés de pathologies comme la macrocéphalie, ou encore munis de caractères inhabituels comme le supposé gigantisme des Patagons d'Amérique du Sud (qui sont d'ailleurs de taille normale). Au lieu de reconnaître qu'il s'agissait de cas isolés appartenant à l'une des quatre variétés courantes de l'espèce humaine, Linné a choisi de les regrouper au sein de deux nouvelles variétés.

Deuxièmement, Linné identifiait deux espèces humaines : *Homo sapiens*, bien entendu, mais aussi *Homo troglodytes*. Cette dernière rassemblait une confusion de formes humanoïdes ambiguës : êtres humains albinos, « hommes à queue » (fictifs) et grands singes encore mal identifiés, tel l'orang-outan d'Asie. La reconnaissance de cette nouvelle espèce contribuait à humaniser les grands singes et à légitimer la réalité des hommes à queue.

FAUX TÉMOIGNAGES

Les confusions de Linné sont révélatrices de plusieurs difficultés courantes à l'époque. D'abord, il n'a pas réussi à s'extraire du poids de la tradition qui consistait à voir dans l'homme sauvage une race de sous-hommes, repoussée à la frontière de l'animalité. Ensuite, son assentiment à l'endroit d'une race de géants en Patagonie et d'hommes à queue en Asie ou en Afrique témoigne de la grande difficulté à départager les vrais témoignages des faux circulant dans la littérature. Un naturaliste de l'époque ne pouvait lui-même voir toutes les formes zoologiques exotiques : il était obligé de procéder par confrontation critique des écrits, source d'erreurs fréquentes.

Enfin, l'élévation par Linné de l'orang-outan au statut de deuxième espèce humaine démontre que, malgré certaines tentatives sérieuses à l'époque pour décrire scientifiquement de nouvelles formes animales, cela ne suffisait en rien à dissiper la confusion. Ainsi, l'étude de l'orang-outan (en fait, un chimpanzé) présentée par le médecin britannique Edward Tyson en 1699, accompagnée de planches anatomiques remarquablement fidèles, assurait que l'animal était naturellement constitué pour marcher debout.

GRANDS SINGES

Jusqu'à la fin du XVIIIe siècle, l'orang constitua une sorte de catégorie générale qui servait à classer les formes humanoïdes ambiguës et mal connues d'Asie et d'Afrique. Puis, on commença à distinguer l'orang-outan d'Asie et le chimpanzé d'Afrique. Mais cette clarification ne mit aucunement fin à la dure entreprise de mise en ordre des grands singes. La bonne identification de l'unique espèce d'orang-outan *(Pongo pygmaeus)* d'Asie se fit dans les années 1830 lorsqu'il fut démontré que les différentes formes décrites correspondent en fait à divers stades de croissance de l'animal. Le gorille des plaines n'a été identifié qu'à la toute fin des années 1840, tandis que le gorille des montagnes, qui vit dans des régions encore plus reculées, le fut au tout début du XXe siècle seulement. Ces deux formes de gorille constituent ce que l'on nomme aujourd'hui deux sous-espèces de l'unique espèce *Gorilla gorilla*. Enfin, pour le chimpanzé, une nouvelle forme fut formellement identifiée en 1929, *Pan paniscus* (que l'on appelle aujourd'hui chimpanzé nain, ou bonobo). Elle s'ajoutait au chimpanzé commun *(Pan troglodytes)*, lui-même composé de plusieurs sous-espèces ou variétés, et les débats persistèrent jusque dans les années 1960 sur l'existence d'autres formes. Ainsi, même si les grands singes avaient probablement déjà été tous rencontrés par des Occidentaux depuis longtemps, il a fallu attendre le milieu du XXe siècle avant d'avoir la certitude raisonnable que l'ensemble des formes vivantes pertinentes pour la quête de la place de l'homme dans la nature nous étaient connues.

À la lumière de cette longue série de découvertes et d'identification de grands singes, il était non seulement légitime, mais également du devoir des naturalistes, d'être à l'affût de nouvelles trouvailles. En 1926, le zoologiste américain H.H. Wilder écrivit qu'il était fort probable que de nouvelles espèces de primates soient découvertes dans le futur dans des régions encore mal connues. Ce contexte riche en promesses encouragea le médecin français Raingeard à reconnaître en 1938 au Gabon une troisième forme de grands singes africains, le Koula-Nguia, sorte d'intermédiaire entre le gorille et le chimpanzé. Cette nouvelle forme, qui ne se matérialisa jamais, fut rattachée par l'Allemand Ernst Schwarz à l'une des variétés du chimpanzé. Il semble que Raingeard ait été induit en erreur par les récits des populations locales et par sa méconnaissance du chimpanzé.

Dans une autre région du monde, l'Amérique du Sud, les Français Léonce Joleaud et George Montandon crurent avoir identifié en 1929 une nouvelle forme de primate intermédiaire entre les singes du Nouveau Monde et les grands singes de l'Ancien Monde avec quelques traits humains. Sur la base d'une simple photographie prise lors d'une expédition, ils érigèrent une nouvelle espèce, *Amer-anthropoides loysi*. Les recherches postérieures ne permirent pas de confirmer l'existence d'une telle créature : la photographie montrait vraisemblablement un singe du Nouveau Monde qui avait trouvé la mort en position assise, créant ainsi une fausse impression d'humanité. L'existence d'*Amer-anthropoides loysi* a été proposée dans un contexte où plusieurs naturalistes croyaient possible que la lignée évolutive des singes du Nouveau Monde ait donné naissance à une forme de singe supérieur approchant la condition humaine, comme cela se produisit dans l'Ancien Monde.

Ces dernières décennies, malgré les nombreuses affirmations qu'il existerait encore des formes humanoïdes inconnues sur Terre, notamment de la part des défenseurs du Yéti, du Bigfoot et autres abominables hommes des neiges et des bois, aucune nouvelle forme n'a été identifiée. Nous sommes probablement enfin parvenus à identifier correctement toutes les formes vivantes se rapprochant de la condition humaine, mettant ainsi fin à un chantier de plusieurs siècles.

Ce n'était toutefois pas le seul problème à résoudre. En effet, dès que la notion d'évolution biologique a été largement acceptée après les années 1860, les naturalistes devaient décider du rapport phylogénétique entre l'homme et les singes. Les principaux types de grands singes étaient suffisamment connus pour pouvoir procéder à de telles analyses, au moins à titre préliminaire. Les résultats furent surprenants.

En particulier, entre 1860 et 1930, une vingtaine de chercheurs, probablement davantage, refusèrent la séparation homme et grands singes. Ils prolongeaient en quelque sorte la confusion de Linné, mais du point de vue du débat généalogique et non de l'inventaire des formes existantes. Pour ces « polyphylétistes », l'homme n'était pas classé à part des singes mais plutôt entremêlé à eux : chacune des variétés de l'espèce humaine (Européens, Africains, Asiatiques, etc.) était jugée généalogiquement plus près d'une espèce de singe en particulier que d'une autre variété humaine. Ainsi, l'humanité telle que nous la définissons aujourd'hui ne pouvait constituer une entité distincte des autres primates, puisque partie intégrante d'un ensemble évolutif beaucoup plus large.

BRANCHES ÉVOLUTIVES

Les premières hypothèses polyphylétiques furent proposées durant la seconde moitié du XIXe siècle, par le Suisse Carl Vogt, l'Allemand Hermann Schaaffhausen, et les Français Abel Hovelacque et Georges Hervé. Ces pionniers avancèrent des schèmes assez vagues où il était question d'établir des liens généalogiques particuliers entre une ou plusieurs espèces de grands singes vivant dans une région donnée et les variétés humaines habitant les mêmes régions. Ils établissaient par exemple une filiation entre les hommes d'Asie et l'orang-outan, ou les hommes d'Afrique, le chimpanzé et le gorille. Malgré la distance généalogique qui séparait les principales variétés humaines entre elles, Vogt expliquait les similitudes entre elles par un processus associant croisements et convergence évolutive.

Déjà à cette période, la légitimité des hypothèses polyphylétiques reposait souvent sur le partage d'un territoire entre une forme humaine et une forme de grand singe, ainsi que sur des similitudes morphologiques superficielles comme la forme du crâne, la couleur de la peau, etc. Au début du XXe siècle, ces hypothèses se présentèrent sous un aspect plus précis, avec parfois l'appui d'illustrations. Il devint coutumier d'incorporer à ces schèmes des espèces fossiles, dont les restes étaient plus abondants et pertinents qu'au siècle précédent. Les hypothèses polyphylétiques se présentèrent alors sous deux formes clairement distinctes.

La forme la plus courante faisait la promotion de liens phylétiques entre les variétés de l'homme et les grands singes exclusivement. Pour l'anatomiste allemand Hermann Klaatsch, la phylogénie de l'homme et des grands singes était principalement organisée autour de deux branches : une première lignée regroupant les hommes d'Afrique, le gorille et l'homme fossile de Neandertal ; et une deuxième lignée regroupant les hommes d'Asie et d'Europe, l'orang-outan et l'homme fossile d'Aurignac. Depuis la séparation de ces deux branches évolutives à partir d'un ancêtre hypothétique commun nommé *Propithecanthropi*, celles-ci auraient connu de nombreux croisements donnant ainsi naissance à d'autres formes d'hommes et de grands singes. Pour sa part, l'anthropologue italien Giuseppe Sergi reconnaissait trois branches généalogiques différentes en fonction de trois provinces géographiques bien définies : une lignée européenne comprenant les hommes d'Europe et les primates fossiles *Dryopithecus* et *Pliopithecus* ; une lignée africaine regroupant les hommes d'Afrique ainsi que le chimpanzé et le gorille ; et une lignée asiatique liant les hommes d'Asie, l'orang-outan, le gibbon et les fossiles de *Pithecanthropus* et de *Palaeopithecus*. Enfin, le Britannique Crookshank identifia également trois branches évolutives distinctes mais, contrairement à Sergi, il disposa le chimpanzé sur la branche européenne plutôt que sur la branche africaine, et se soucia peu d'incorporer les formes fossiles.

Plus étrange encore à nos yeux, une autre série d'hypothèses polyphylétiques incorpora à l'arbre généalogique de l'homme, en plus des grands singes, les singes de l'Ancien Monde, les

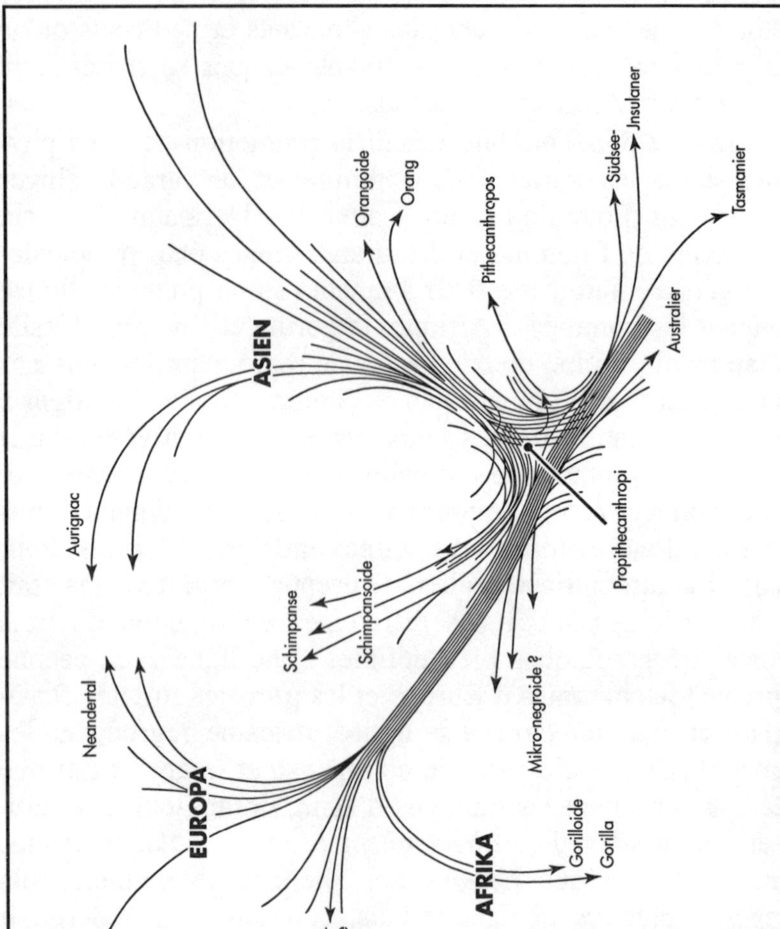

SCHÈME POLYPHYLÉTIQUE DE H. KLAATSCH

singes du Nouveau Monde et, parfois même, les prosimiens*. Ainsi, l'anatomiste Theodor Arldt présenta trois branches principales : la première ne regroupait que les hommes d'Afrique et des grands singes vivants et fossiles, comme le gorille et *Sivapithecus* ; la seconde établissait des liens entre les hommes d'Europe, des hommes fossiles comme le *Pithecanthropus*, des grands singes vivants et fossiles (le chimpanzé et le *Dryopithecus*), et des singes du Nouveau Monde ; et la troisième associait les hommes d'Asie, l'orang-outan, ainsi que des singes de l'Ancien et du Nouveau Monde. Mais l'hypothèse la plus extraordinaire de toutes, par son éclatement le plus total, fut le fait de l'Italien Gioacchino Sera. Il reconnaissait plus de six lignées principales, chacune d'elles étant composée de variétés humaines, de grands singes et de singes de l'Ancien et du Nouveau Monde.

UNITÉ DE L'ESPÈCE HUMAINE

Les dernières propositions polyphylétiques datent du début des années 1930. L'accumulation de découvertes d'hommes fossiles rendait de plus en plus difficile la création de liens généalogiques entre une variété humaine particulière et une espèce de primate spécifique. Il n'était désormais plus question d'entremêler les variétés humaines avec d'autres primates, ou de faire la promotion d'une humanité diluée dans un ensemble généalogique plus large.

La chute définitive de la thèse polyphylétique inaugura l'ère moderne en évolution humaine, celle durant laquelle la quête de la place de l'homme dans la nature se simplifia et se clarifia. L'unité de l'espèce humaine était affirmée. Après une quête difficile et incertaine de plusieurs siècles, l'homme était enfin classé unanimement à part des singes. D'ailleurs, dans les années qui suivirent, de 1930 à 1980, le débat en phylogénie humaine fut réduit à une seule question : la branche humaine se sépare-

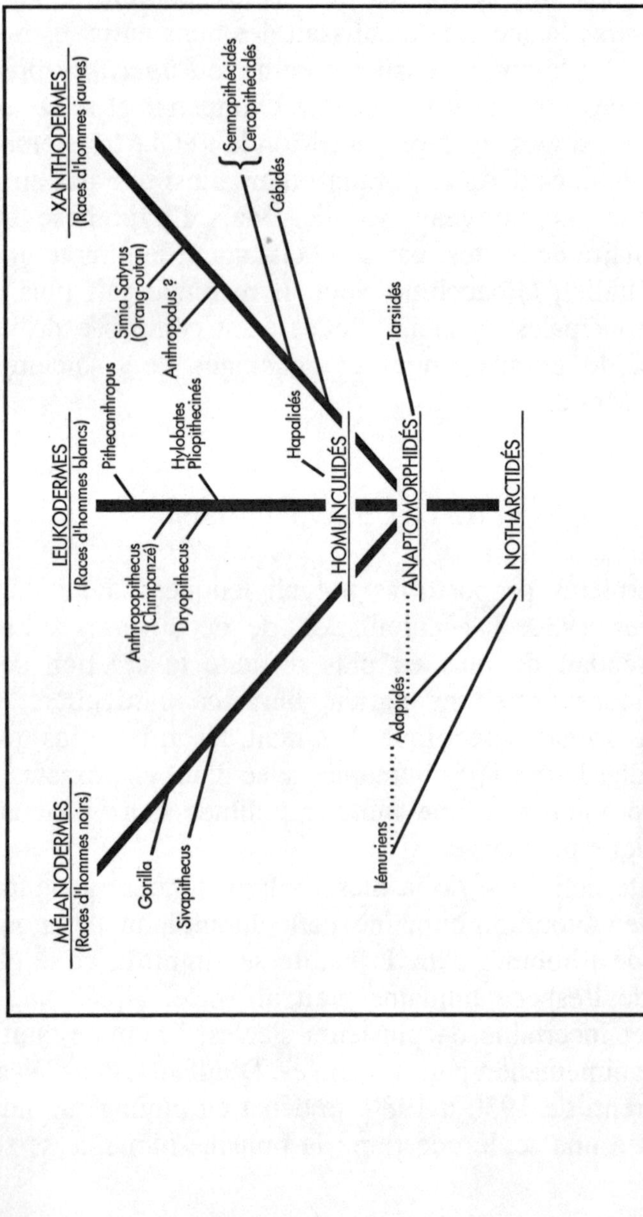

SCHÈME POLYPHYLÉTIQUE DE TH. ARLDT

t-elle des autres primates avant la séparation des grands singes les uns des autres, au début même de ce processus de séparation ou tardivement, liant ainsi l'homme plus étroitement à un grand singe plutôt qu'à un autre ?

R. D.

I.
QUEL EST NOTRE ANCÊTRE ?

« LUCY RESTE UNE RÉFÉRENCE POUR L'ÉVOLUTION HUMAINE »

Entretien avec Donald JOHANSON

Depuis sa découverte, en novembre 1974, Lucy, la petite femelle australopithque est devenue une figure incontournable des recherches sur l'origine de l'homme. Bien que l'on connaisse aujourd'hui des hominidés plus anciens et que sa position dans notre arbre généalogique reste discutée, son intérêt scientifique ne s'est pas démenti. C'est toujours le squelette le plus complet, et son espèce, Australopithecus afarensi, *est la mieux connue pour cette période.*

LA RECHERCHE : Pourquoi étiez-vous à Hadar en 1974 ?

Donald Johanson : En 1970, j'avais 27 ans et je préparais un doctorat de paléoanthropologie à l'université de Chicago, sous la direction de F. Clark Howell. Dans ce cadre, j'ai participé à l'expédition de recherche de l'Omo, en Éthiopie. Lors d'une fête, à Paris, j'ai rencontré Maurice Taïeb, aujourd'hui directeur de recherche au CNRS, à Aix-en-Provence. À cette époque, il explorait la géologie d'une partie de l'Éthiopie connue sous le nom de « triangle des Afars ». Il m'a montré des photographies des sédiments et des fossiles qu'il avait trouvés. Si l'on en croyait les ossements de porcs et d'éléphants, tout cela avait au moins 3 millions d'années. Maurice m'a dit : *« Si tu penses que les fossiles de l'Omo sont fantastiques, tu devrais venir dans l'Afar. »* C'était assez généreux de sa part de partager les sites qu'il avait découverts ! On ne parle pas souvent de lui à propos de Lucy, mais il a vraiment eu un rôle déterminant. Alors, au printemps 1972, nous y sommes allés en repérage pendant six semaines, et nous avons trouvé beaucoup de sites fossilifères. Celui que nous avons choisi, Hadar, était quasiment le dernier que nous avions trouvé.

LA RECHERCHE : Ce site, qu'avait-il de particulier ?

Donald Johanson : Il était extrêmement étendu, et les niveaux géologiques qui nous intéressaient étaient jonchés de fossiles. Nous avons alors organisé l'expédition internationale de recherche de l'Afar, dirigée par Maurice Taïeb. En 1973, nous avons fait notre première découverte : le genou d'un hominidé qui, à l'évidence, marchait debout. Cela nous a encouragés à y retourner, en novembre 1974.

LA RECHERCHE : Dans quelles circonstances avez-vous découvert Lucy ?

Donald Johanson : Maurice avait quitté le camp pour chercher du ravitaillement, et nous avions reçu la visite, pendant deux jours, de Richard Leakey* et sa famille. Après leur départ, Tom Gray, un étudiant en thèse, a insisté pour que j'aille voir l'emplacement où un crâne complet de porc avait été trouvé. Nous sommes donc partis au milieu de la matinée, et nous avons inspecté la zone pendant environ une heure, trouvant quelques ossements d'animaux. Alors que nous retournions à la Land-Rover, j'ai regardé par-dessus mon épaule droite (d'habitude, j'ai toujours les yeux braqués sur le sol), et j'ai vu, sur le sol, un morceau de coude, dont j'ai immédiatement pensé qu'il avait appartenu à un hominidé. Tom n'était pas convaincu, et m'a demandé pourquoi je pensais cela. Je lui ai répondu : *« Regarde ces os de crâne, près de ta main. »* Nous avons alors réalisé qu'il y avait des ossements tout autour de nous : mâchoire, bassin, fémur. Un squelette était répandu sur environ 14 mètres carrés de ce talus.

LA RECHERCHE : Quelle a été votre réaction ?

Donald Johanson : Nous étions bouleversés, parce qu'il s'agissait d'un squelette assez complet, ce qui était une première, et parce que nous savions qu'il avait plus de 3 millions d'années. En revenant au camp, Tom s'est mis à klaxonner et a crié : *« On a trouvé tout un bon Dieu de truc ! »* Des gens sont venus de la rivière, où ils étaient en train de nager, et nous sommes immédiatement retournés sur le site, où nous avons délimité le périmètre de répartition des ossements. Nous avons laissé la plupart des choses en place, et nous sommes revenus pendant environ trois semaines pour fouiller. Je ne crois pas que j'aie réalisé à ce moment-là l'impact de cette découverte sur ma vie et sur ma carrière, et encore moins celui qu'elle aurait dans le grand public. Sur le moment, j'étais excité : je pensais que ce serait quelque chose d'extraordinairement important. Mais je ne savais pas ce que c'était. Je supposais que c'était une sorte d'australopithèque, mais il ne m'est pas venu à l'esprit que ce pourrait être une nouvelle espèce.

LA RECHERCHE : Avez-vous pris des photographies des ossements en place ce jour-là ?

Donald Johanson : Je n'avais pas d'appareil avec moi. Quelques personnes en ont pris le lendemain mais, dans l'ensemble, les gens étaient trop excités par ce qui se passait. Peu de temps après, Maurice est revenu au camp. Il a dit que nous devions contacter Yves Coppens et les autres participants à l'expédition qui n'étaient pas en Éthiopie à ce moment-là. Coppens est finalement arrivé avec une équipe française de télévision, mais nous avions déjà fini de dégager les ossements.

LA RECHERCHE : D'où vient le nom de « Lucy » ?

Donald Johanson : Le premier soir, il y avait une ambiance spéciale. Nous avons mis de la musique, en buvant de la bière que nous avions fait rafraîchir dans la rivière Awash. C'est vrai, comme cela a été beaucoup raconté, que nous avons en particulier écouté *Lucy in the sky with diamonds*, des Beatles. Mais nous ne l'avons pas du tout passée en boucle ! Pam Alderman, ma petite amie de l'époque, qui était là, a lancé, un peu au hasard : *« Si vous pensez vraiment que c'est une femelle, pourquoi ne pas l'appeler Lucy ? »* Personne ne s'est exclamé *« Oh oui, super, c'est son nom ! »* Mais les jours suivants, les étudiants se sont mis à dire : *« Tu retournes sur le site de Lucy ? Est-ce que tu vas trouver d'autres morceaux du crâne de Lucy ? »* C'est comme cela qu'elle a commencé à avoir sa personnalité propre, son identité propre, et qu'elle est devenue une référence dans l'évolution humaine. Aujourd'hui, tout le monde en a entendu parler, même les enfants de l'école primaire. Je ne sais pas pourquoi, mais il semble que les gens aiment bien ce nom. Si nous l'avions appelée Mathilda, ça n'aurait peut-être pas pris.

LA RECHERCHE : Ensuite, vous avez emporté les os pour les étudier ?

Donald Johanson : Il n'y avait pas de laboratoire au Muséum national d'Éthiopie à Addis-Abeba, et les lois de l'époque nous permettaient d'emporter les fossiles à l'étranger. L'accord entre les équipes qui participaient à l'expédition stipulait que ceux, Français ou Américains, qui feraient une découverte la rapporteraient dans leur laboratoire et seraient les premiers à étudier les fossiles, mais que tout le monde signerait l'article. Nous avons donc rapporté Lucy, et d'autres fossiles, au Muséum d'histoire naturelle de Cleveland, où j'étais conservateur, et ils y ont été conservés dans un coffre fermé pendant cinq ans. Nous les avons étudiés et décrits, et nous avons finalement publié une monographie en 1982.

LA RECHERCHE : Pouvez-vous nous dresser un bref portrait de Lucy ?

Donald Johanson : Nous avons retrouvé environ 40 % de son squelette. D'après la longueur de son fémur, 28 centimètres, elle devait mesurer un peu plus d'un mètre de haut. Ses dents de sagesse étaient sorties, ce qui indique qu'elle était adulte, mais la puberté était sans doute plus précoce que chez les hommes actuels, et elle n'avait peut-être que 14 ou 15 ans quand elle est morte. Elle était minuscule : en fait, c'est l'un des plus petits fossiles d'*Australopithecus afarensis* jamais découvert. Elle ne pesait que 50 kilogrammes. C'est à cause de cette petite taille, et de la constitution légère de ses os, que nous pouvons dire que c'était une femelle. La forme du bassin n'est pas caractéristique : cette espèce avait un petit cerveau, de 380 à 550 centimètres cubes, et il n'y avait pas eu de problème lors de l'accouchement. Elle avait des bras relativement longs, probablement un vestige de l'époque où ses ancêtres vivaient dans les arbres, et elle possédait une face projetée en avant comme celle d'un singe. Elle ressemblait beaucoup à un singe en fait.

LA RECHERCHE : Est-elle le fossile type d'Australopithecus afarensis ?*

Donald Johanson : Non. Le spécimen type est une mandibule trouvée à Laetoli, un site tanzanien, qui a été choisie en 1978 parce qu'elle avait déjà été complètement décrite et publiée. Rétrospectivement, je pense que j'aurais dû insister un peu plus pour que ce soit Lucy, parce qu'elle est si complète.

LA RECHERCHE : En 1974, la découverte de Lucy a été importante. Ce squelette l'est-il toujours autant trente ans plus tard ?

Donald Johanson : C'était le premier squelette aussi ancien dont on pouvait examiner les proportions des membres supérieurs et inférieurs. Ses membres inférieurs étaient courts, tandis que ses membres supérieurs étaient longs. C'est très caractéristique de créatures qui passent une grande partie de leur temps dans les arbres. Quand nous regardons l'évolution du squelette des hominidés, entre les formes très simiesques et les formes très humaines, nous voyons une mosaïque de caractères. Certaines zones, telles que le système locomoteur, sont parmi les premières à changer, pendant que les longs bras des ancêtres arboricoles sont encore là. Chez Lucy, la sélection naturelle avait clairement agi sur les genoux, les chevilles et les hanches. La taille du cerveau, la forme de la mâchoire et la proportion des membres ont évolué plus tard.

Depuis trente ans, Lucy a été à l'origine d'énormément de recherches, de réflexions et de techniques. En particulier, dans les années quatre-vingt, il y a eu une grande controverse pour savoir si elle se tenait pleinement debout, si elle pouvait tendre le genou et la hanche, et marcher comme nous. Cela a donné lieu à des centaines d'articles sur la signification de ses mains courbées, des os de son pied et de la forme de son bassin. Grâce à cela, l'étude de l'anatomie fonctionnelle s'est énormément raffinée. Aujourd'hui, Lucy continue d'être étudiée par des gens qui mettent au point de nouvelles techniques, par exemple l'étude de la façon dont les couches d'émail se forment successivement au cours de la croissance dentaire, ce qui pourrait nous renseigner sur sa vitesse de maturation et de croissance ; d'autres commencent à regarder sous la surface de l'os pour voir comment les cellules sont orientées, et ce que cela peut vouloir dire sur la formation de l'os. Autant de choses que nous ne savions pas faire il y a trente ans. C'est donc toujours une source d'informations nouvelles. Lucy continue aussi d'être importante parce que c'est toujours la référence à laquelle les autres découvertes sont comparées. Quand une nouvelle découverte est annoncée, les journaux expliquent, par exemple, qu'elle est plus ancienne de tant de millions d'années que Lucy, ou qu'elle est située à tant de milliers de kilomètres de Lucy…

LA RECHERCHE : Votre point de vue sur Australopithecus afarensis a-t-il changé pendant toutes ces années ?

Donald Johanson : Principalement à propos de son comportement locomoteur et grimpeur. Dans les années soixante-dix, j'étais assez convaincu que l'espèce était totalement terrestre et pleinement bipède. Je continue à croire que Lucy était complètement bipède lorsqu'elle était sur le sol, qu'elle marchait très efficacement et qu'elle était capable d'étendre le genou et la hanche, qu'elle ne marchait pas les genoux pliés. Mais je pense aussi qu'elle devait dormir dans un nid dans les arbres, à l'abri des prédateurs, ce qui nécessite une adaptation au grimper. Elle devait aussi passer une bonne partie de son temps dans les arbres à chercher de la nourriture : des fruits, des noix et des baies. Nous savons aujourd'hui qu'à son époque Hadar était un environnement forestier.

Sur un autre plan, il y a eu dans les années quatre-vingt, une controverse sur le fait de savoir si les petits spécimens appartenaient à une espèce, et les gros à une autre. Depuis notre retour à Hadar, en 1990, nous avons presque doublé le nombre de spécimens connus, et nous avons étendu la profondeur temporelle de l'espèce : nous avons désormais des *Australopithecus afarensis* sur une période de 400 000 ans, de 3,4 à 3 millions d'années. Et aucune de ces découvertes n'indique qu'il y a deux espèces. Ma conviction qu'il s'agit d'une seule espèce, avec un fort dimorphisme sexuel, a donc été renforcée.

*LA RECHERCHE : Un article paru en 2004 avance qu'*Australopithecus afarensis *pouvait s'adapter à toutes sortes d'environnements, sans préférence particulière. Êtes-vous d'accord ?*

Donald Johanson : Absolument. Assez tôt, après que le nom d'*Australopithecus afarensis* a été donné à Lucy, il était déjà clair, d'après les études paléoenvironnementales, que Laetoli était une savane ouverte, tandis que Hadar, à environ 1 000 kilomètres, était plus boisé. C'était donc une espèce géographiquement dispersée et très adaptable. Elle pouvait survivre dans des environnements très divers.

LA RECHERCHE : Pourquoi continuez-vous à aller à Hadar ?

Donald Johanson : Quand les journalistes me demandent : « *Qu'espérez-vous trouver quand vous y retournerez ?* », ma réponse est toujours : « *L'inattendu.* » Nous avons exploré systématiquement la région depuis une bonne dizaine d'années. C'est de cette façon que nous avons trouvé, au milieu des années quatre-vingt-dix, le plus ancien *Homo* associé avec des outils de pierre. C'est aussi comme cela que nous avons trouvé un nouveau crâne de femelle il y a deux ans : c'est le crâne le plus complet d'*Australopithecus afarensis,* daté de 3,1 millions d'années. Et nos nombreux spécimens de Hadar, des mâchoires, des dents, des crânes, des membres, etc., trouvés sur environ 80 kilomètres carrés, forment la collection la plus complète d'une seule espèce sur près d'un demi-million d'années. Ce sera la collection de référence qui servira à juger les autres.

LA RECHERCHE : Ces dernières années, on a beaucoup entendu parler de découvertes réalisées par d'autres équipes, au Kenya, au Tchad, et aussi en Éthiopie. Mais rien de votre part. Pourquoi ?

Donald Johanson : Cette année, nous avons publié une monographie sur le crâne mâle de Hadar, découvert en 1992 (W. H. Kimbel et al., *The skull of Australopithecus afarensis,* Oxford University Press, 2004). L'an prochain, nous annoncerons le crâne femelle presque complet dont j'ai déjà parlé. Mais la majeure partie de notre travail consiste à décrire, publier et évaluer de façon aussi détaillée que possible les découvertes que nous avons faites, pour vraiment caractériser l'espèce *Australopithecus afarensis.* Les universitaires n'aiment pas trop faire cela, mais ça reste la base de la recherche. Les découvertes que vous évoquez sont importantes, mais certaines sont malheureusement enfermées dans des coffres-forts, à l'abri des regards. Ce n'est pas comme cela que le domaine pourra avancer. Il vaudrait mieux publier plus rapidement et ouvrir l'accès aux fossiles. Quand Lucy est venue aux États-Unis, nous avions décidé que tout le monde pourrait l'étudier, sous notre contrôle, à la seule condition qu'ils attendent cinq ans pour publier leurs propres observations, après nous. Il faut aussi noter que la plupart des découvertes que vous évoquez sont fragmentaires, ou ne concernent que des spécimens isolés : pour comprendre la biologie et la variabilité de ces espèces fossiles, il faut des collections plus complètes.

LA RECHERCHE : Quel est l'avenir de Hadar ?

Donald Johanson : Maintenant que nous avons plus ou moins épuisé le site, il entre dans une phase de conservation : il va devenir une destination touristique, pour ceux qui voudront voir l'endroit où Lucy a été trouvée. Le ministre éthiopien de la Culture a posé en janvier 2004 la première pierre du Musée d'interprétation de Lucy, dans le village d'Elowaha (« le puits »), qui est situé à 90 minutes de voiture du site de la découverte. Nous espérons que les premiers paléotouristes viendront d'ici dix-huit mois. Nous essayons de rendre quelque chose à l'Éthiopie, qui a accueilli et soutenu la venue des équipes de recherche, et aussi au peuple des Afars qui ont travaillé avec nous toutes ces années.

Propos recueillis par Paul Bahn

« L'EAST SIDE STORY N'EXISTE PLUS »

Entretien avec Yves COPPENS

La découverte du crâne « Toumaï », au Tchad, à 2 500 kilomètres du Rift africain, sonne le glas de la théorie de l'« East Side Story ». Elle aura duré vingt ans, comme les deux grandes théories précédentes, qui placèrent l'origine de la lignée humaine d'abord en Europe, puis en Asie. Reste l'hypothèse fondamentale, d'après laquelle les caractères humains sont apparus dans le sillage de grandes crises climatiques.

La Recherche : Après la découverte de « Toumaï », que reste-t-il de la théorie que vous avez bâtie et défendue pendant vingt ans sur l'origine des hominidés, l'« East Side Story » ?

Yves Coppens : Au cours des soixante dernières années, chaque grande hypothèse sur l'origine de l'homme a duré environ vingt ans. J'ai vécu les trois cycles. Le premier, dans les années quarante et cinquante, était marqué par l'idée d'une origine européenne. Un chercheur de Bâle, Johannes Hürzeler, avait ressuscité de vieux fossiles trouvés en Toscane à la fin du XIXe siècle : *Oreopithecus*, un grand singe avec quelques caractères humains et un bassin qui pouvait évoquer une forme de bipédie. Cela réjouissait mon maître, Jean Piveteau, à la Sorbonne. Jusqu'au jour où Hürzeler a trouvé en Toscane un squelette complet et dégagé son interminable humérus... La locomotion de cet hominoïde tenait beaucoup de celle du gibbon ! J'avais moi-même, jeune chercheur, participé à ce travail.

Le deuxième cycle s'ouvre en 1959, lorsque Louis Leakey attira l'attention sur l'Afrique, ce qui entraîna une réaction en direction de l'Asie ! Les Américains David Pilbeam et Elwin Simons remirent à l'honneur de vieux fossiles trouvés en Inde, *Ramapithecus*. De 1960 jusqu'en 1980, l'origine asiatique, tropicale ou, à la rigueur, afro-asiatique a prévalu. Même Piveteau s'était incliné : dans un discours à l'Académie, il plaça l'origine de la famille humaine en Asie, à 15 millions d'années.

Puis, nouveau retournement. Lors d'un colloque à Rome, en 1982, que j'avais contribué à organiser, David Pilbeam produisit la première face de *Ramapithecus* : il ressemblait étrangement à un orang-outang ! Et un biochimiste, qui avait broyé des dents de *Ramapithecus* et mené une recherche sur les anticorps, aboutissait à la même conclusion. L'origine asiatique s'écroulait. C'est là, sur place, que j'ai conçu l'hypothèse de l'East Side Story. Je l'ai présentée le lendemain. Il est amusant de voir que, vingt ans après, on remue mon cocotier… au point, bientôt, d'en planter un autre !

La Recherche : Vous pensez que l'on est en train d'en planter un autre ?

Yves Coppens : Oui, je le pense.

La Recherche : Alors, racontez-nous d'abord en quoi consiste l'East Side Story ?

Yves Coppens : Il suffisait de regarder une carte de l'Afrique pour voir que les hominidés les plus anciens, australopithèques compris, avaient été découverts en Afrique de l'Est. Dans cette région, on n'a pas trouvé de fossile de grand singe datant de l'époque des hominidés, tandis que tous les grands singes africains d'aujourd'hui vivent plus à l'ouest, dans la forêt. Or, comme par enchantement, les deux zones sont séparées par une grande ligne nord-sud : la Rift Valley. Il était logique d'imaginer une histoire commune, suivie d'une séparation, puis d'une spéciation. Et, justement, on s'est aperçu que la Rift Valley s'était largement réactivée il y a environ 8 millions d'années, avec des effondrements et la mise en place de murailles d'altitude élevée qui ont fait obstacle aux pluies venues de l'ouest. De surcroît, cet événement tectonique de grande ampleur a coïncidé avec un rafraîchissement de la planète. Résultat : le climat de l'Est africain est devenu de plus en plus sec, et la grande forêt a été progressivement remplacée de ce côté-là par une forêt plus clairsemée, puis par la savane. Or, après ce seuil de 8 millions d'années, on ne trouve plus du tout de pré-grands singes dans la zone du Rift. Vingt ans de fouilles ont donné 2 000 restes de préhumains et pas le moindre bout de dent ou d'ossement de préchimpanzé ou de prégorille – sauf si on ne l'a pas reconnu. Et les préhumains, eux, manifestent des caractères merveilleusement adaptés à la savane. Il suffit de comparer le bassin en pression de Lucy au bassin en tension des chimpanzés… Il était tentant de proposer une explication simple, voire simpliste : les hominidés sont des grands singes qui ont évolué en s'adaptant au changement climatique.

La Recherche : Est-ce que l'hypothèse de l'East Side Story n'intègre pas aussi ce qui s'est passé 5,5 millions d'années plus tard, avec l'apparition du genre Homo *proprement dit ?*

Yves Coppens : J'ai créé l'expression East Side Story en 1984 pour désigner la séparation entre grands singes et premiers ancêtres de l'homme, après la crise à 8 millions d'années. Les plus anciens hominidés connus étaient alors des australopithèques, vivant vers – 6 millions d'années (la dent de Lukeino avait été trouvée en 1974). Mais il est vrai que je me suis plus encore battu pour rattacher l'apparition ultérieure du genre *Homo* à un changement climatique. Je l'ai fait dès 1975, à la suite de fouilles menées dans la vallée de l'Omo, en Éthiopie. Ces fouilles dévoilaient, sur 1 000 mètres d'épaisseur, des strates permettant de mettre en correspondance l'évolution du climat et celle des espèces. On voit clairement le passage des australopithèques dits « graciles » à ceux dits « robustes », puis, vers – 2,4 millions d'années, aux premiers représentants d'*Homo habilis*. J'ai baptisé ce dernier événement l'« (H)omo Event ». Il est manifestement lié à un nouvel épisode de refroidissement et d'assèchement qui s'est produit autour de 3 millions d'années. Mais les médias ont été plus sensibles à mon East Side Story qu'à l'(H)omo Event. C'est dommage et un peu paradoxal : l'(H)omo Event est vraiment de mon fait, or une collègue américanisée se l'est attribué pour en faire son fonds de commerce ; tandis que l'East Side Story – je m'en suis rendu compte après – avait été plus ou moins pressentie avant moi par l'éthologue Adriaan Kortlandt, qui a été surpris que l'histoire apparaisse sous mon nom !

La Recherche : Si l'on revient à l'East Side Story proprement dite, n'a-t-elle pas déjà été un peu bousculée avant la découverte de Toumaï ?

Yves Coppens : Lorsque Michel Brunet a découvert un australopithèque au Tchad, donc à 3 000 kilomètres du Rift, cela m'a certes étonné. Mais Abel (*Australopithecus bahrelghazali*) était dans des terrains datant de 3,5 à 3 millions d'années, époque dont dataient aussi des australopithèques trouvés en Afrique du Sud, à des milliers de kilomètres du Rift. Or, on sait qu'un coup de sécheresse s'était produit vers – 4 millions d'années, non seulement en Afrique de l'Est, mais aussi dans ces régions. Il était donc possible, et il reste possible, que, à la faveur de ce changement climatique, des australopithèques aient migré vers l'ouest et le sud, partout où il y avait de la savane. C'était cohérent.

La Recherche : N'y avait-il pas d'autres faits troublants ? L'un des caractères attribués par les paléontologues est l'épaisseur de l'émail des dents. Un émail plus épais indique une adaptation à une alimentation liée à une végétation de savane, dure à mâcher, avec des racines et des tubercules. Or, on a trouvé, en Afrique de l'Est, des singes hominoïdes, les kenyapithèques, qui ont l'émail épais alors qu'ils vivaient bien avant 8 millions d'années et, à l'inverse, bien plus tard, un hominidé avec de l'émail mince : Ardipithecus ramidus, *vers 4,5 millions d'années...*

Yves Coppens : C'est vrai. Il faut d'ailleurs y ajouter *Ardipithecus kadaba*, découvert en 2001, qui a plus de 5 millions d'années. Mais jusqu'à quel point ce caractère de l'épaisseur de l'émail est-il réellement propre aux hominidés ? Aujourd'hui, nous avons des dents à émail épais parce que nous sommes des omnivores. Nous nous disons : voilà un fil conducteur ; partout où l'on aura de l'émail épais, il y aura des chances qu'il s'agisse d'un préhumain. Mais le raisonnement est dangereux. Nous ne savons pas s'il tient absolument. Comme l'émail épais est lié à l'alimentation, n'importe quel grand primate ayant une consommation comparable peut avoir ce caractère. L'émail mince des ardipithèques peut témoigner du maintien, chez eux, d'un régime à base de fruits, voire d'un retour à tel régime avec réacquisition du caractère.

La Recherche : Qu'est-ce qui fait qu'un paléontologue dit : cela est un hominidé ?

Yves Coppens : Jusqu'à maintenant, c'était surtout la station debout, une certaine bipédie, un corps redressé. Mais, de plus en plus, on prend en compte le développement du système nerveux central. La plupart des préhumains ont un petit encéphale, mais le moulage endocrânien est très révélateur. À volume égal, on constate, chez le préhumain et chez le grand singe, des tendances inverses : le développement du cerveau se fait, en gros, préférentiellement vers l'avant chez les préhumains et vers l'arrière chez les grands singes. Chez les préhumains, c'est le lobe frontal ainsi que les parties antérieures des lobes pariétaux et temporaux qui se développent. Chez les grands singes, le développement de l'arrière du cerveau est sans doute lié au fait qu'ils vivent dans la forêt et ont besoin d'une vision très performante.

La Recherche : Jusqu'à 2002, donc, l'East Side Story résistait. La découverte en Afrique de l'Est du plus vieil hominidé jamais mis au jour, Orrorin, semblait même l'avoir renforcée. Et puis voilà qu'arrive Toumaï : un hominidé encore plus ancien, mais au Tchad, donc très loin à l'ouest. Vous avez été surpris ?

Yves Coppens : Soyons sincères. Oui, cela a été une surprise. Nous en avons d'abord parlé au téléphone avec Michel Brunet, puis je suis allé à Poitiers. Et, quand il m'a montré le crâne, me le présentant de face, j'ai un instant cru à une blague, tellement il paraissait humain ! Je l'ai retourné pour voir le trou occipital – c'est le geste que l'on fait toujours pour tester la station debout – parce que, même si le squelette manque, on voit bien comment est posée la tête sur la colonne vertébrale. Le trou occipital de Toumaï n'est pas placé comme celui d'un chimpanzé, il est bien en avant. Il faut maintenant attendre que Michel Brunet trouve du matériel postcrânien, et il a de bonnes chances d'en trouver parce que ses sites sont riches et ont des restes bien conservés. Mais il est vraisemblable que Toumaï est désormais le fossile d'hominidé le plus ancien. Au Tchad ! Donc soyons raisonnables : telle que je l'avais conçue, l'East Side Story n'existe plus.

La Recherche : Comment expliquer la présence de Toumaï au Tchad ?

Yves Coppens : On n'en sait rien, mais Toumaï est vieux de 7 millions d'années ou un peu plus, et l'on sait que la crise climatique de 8 millions d'années a aussi concerné cette région de l'Afrique. Après cette date, la séparation latitudinale entre savane au nord et forêt au sud est bien installée. L'environnement de Toumaï n'était sans doute pas très différent de celui du Rift.

La Recherche : Est-ce à dire que, à vos yeux, une modification significative et durable de l'environnement est susceptible d'entraîner une évolution génétique ?

Yves Coppens : Je serais plus prudent dans la formulation. Disons qu'un changement dans l'environnement sélectionne une orientation génétique. Il est impossible, par exemple, que les préhumains, pas plus que le genre humain, soient apparus en forêt. Le préhumain a une constitution, un port, une locomotion qui signent un être de savane, en tout cas pas de forêt dense.

La Recherche : Dans le Genou de Lucy, *vous écrivez : « On a de la peine à croire aux sacro-saintes mutations au hasard que la sélection va retenir parce que, par chance, elles sont justement meilleures pour la survie de l'espèce. Et on se prend à imaginer, dans les caryotypes mêmes, un mécanisme subtil qui serait capable de recevoir l'information du milieu qui change et de s'en servir, en toute connaissance de cause, pour provoquer, dans la bonne direction, lesdites mutations. » D'où vient une telle causticité à l'égard de la vulgate évolutionniste ?*

Yves Coppens : Cela remonte à mon expérience en Éthiopie, qui a donné naissance à l'(H)omo Event. Dix ans de terrain. Je me suis trouvé devant une faune importante, une bonne centaine d'espèces, confrontée à un changement climatique progressif, allant dans le sens d'une réduction de l'humidité. On voit des espèces s'éteindre, d'autres migrer, d'autres encore arriver, mais il y en a aussi beaucoup qui restent sur place et s'adaptent au changement. Or, ces transformations se font, comme par hasard, dans le bon sens. Je suis surpris que tant d'espèces aient juste le bon truc pour réagir de la bonne manière, et je me demande s'il n'y avait pas une action du milieu sur le gène, ou un bout de gène. Ce qui fait que, au final, l'adaptation devient génétique. Si le gène est capable de recevoir l'information du milieu et de susciter une transformation qui va dans le bon sens, cela facilite l'adaptation… J'ai raconté cela une fois à l'Académie. François Jacob a bondi en disant : « *Ça sent le soufre ici !* » C'est en effet très peu orthodoxe, mais il ne s'agit pas non plus de revenir à Lamarck !

La Recherche : Combien de temps faut-il à votre avis pour que des transformations durables de l'environnement fassent émerger un nouveau caractère dans notre lignée ?

Yves Coppens : Je n'en sais rien. Mais je suis très frappé, par exemple, par les phénomènes de nanisme ou de gigantisme dans les îles. Quand on voit l'arrivée d'un éléphant dans les îles de l'Indonésie et sa transformation, selon l'île, en différentes espèces de plus en plus petites, on est impressionné par le peu de temps qu'il a fallu : quelques dizaines de milliers d'années seulement ! J'ai le sentiment que le phénomène peut s'expliquer par l'apparition, dans une population donnée, d'un certain nombre de mutations.

La Recherche : Peut-on imaginer que, à la faveur de la crise climatique de 8 millions d'années, on ait pu assister à une évolution convergente, c'est-à-dire à l'apparition à peu près concomitante de caractères préhumains dans des régions aussi éloignées que le Tchad et le Rift ?

Yves Coppens : Ce n'est pas impossible, mais cela ne résout pas la question de l'origine ! Il faut bien un ancêtre commun... Plus tard, on assiste presque certainement à un bel exemple de convergence. Je suis à peu près convaincu que ceux des préhumains qu'on appelle les australopithèques robustes sont devenus « robustes » de manière indépendante en Afrique de l'Est et en Afrique du Sud. Cela dans le sillage de l'événement climatique à 3 millions d'années. Pourquoi s'opère ce processus ? Parce que la flore a changé, elle s'est appauvrie, et ceux des hominidés qui restent végétariens doivent adapter leur régime alimentaire à des végétaux qu'ils ne consommaient pas auparavant. Des végétaux plus fibreux, plus durs, plus difficiles à manger. Cela entraîne un développement des dents jugales, donc de la mâchoire, donc de la musculature qui fait fonctionner la mâchoire. Tout cela finit par élargir le crâne, lui donner des superstructures, d'où la robustesse…

La Recherche : Vous souscrivez donc au modèle d'évolution dit « en buisson », par opposition au modèle « linéaire », d'après lequel chaque nouveau caractère préhumain n'est apparu qu'une fois ?

Yves Coppens : Oui, mais je n'aime pas cette expression, parce que cela fait touffu… Je préfère parler d'évolution « en bouquet ». Une fois qu'une divergence se produit, il n'y a plus d'interfécondité et les branches ne se rencontrent plus.

La Recherche : Plaçons-nous en 2020. Peut-on imaginer que le tableau de la genèse des hominidés soit radicalement différent de ce que nous imaginons aujourd'hui ?

Yves Coppens : Le fait que l'homme soit un être de savane ne peut pas être remis en cause. Mais il faut sûrement attendre beaucoup du progrès des techniques de décryptage de l'ADN fossile. On a décrypté des brins d'ADN de Cro-Magnon (20 000 ans), puis de Néanderthal (50 000 ans). On pourra certainement remonter plus loin. Ce n'est pas commode, parce que l'ADN est très cassable, mais les techniques s'affineront. Si on obtient des ADN très anciens, on pourra les comparer, et nos petits arbres évolutifs actuels risquent d'être fortement ébranlés. Plus fondamentalement, c'est la compréhension des mécanismes mêmes de l'évolution qui devrait progresser. Pour l'heure, il n'y a pas de consensus. L'évolution, on la constate, mais on ne sait pas trop comment ça marche. J'ai dit un jour dans une assemblée de professeurs du Collège de France que les biologistes moléculaires sont myopes, et je me suis rattrapé en disant que les paléontologues sont presbytes… Nous finirons bien par nous rencontrer.

Propos recueillis par Olivier Postel-Vinay

DE NOUVEAUX GENRES DE FOSSILES

Ron CLARKE

Deux nouvelles espèces d'hominidés, de 3,5 et 6 millions d'années, ont été présentées à un mois d'intervalle en 2001, par deux équipes concurrentes travaillant au Kenya. La chose n'est pas courante. Qu'en plus ces espèces soient classées dans deux nouveaux genres, c'était du jamais-vu. Sont-elles aussi proches de la lignée humaine que leurs inventeurs le laissent entendre ?

« *Par la Mer du Sud, je reviendrai en Afrique, pays très étendu, dans lequel, si l'on cherche bien, je suis persuadé que l'on pourrait reconstituer plusieurs types de progression humaine et, peut-être, découvrir toute la variété des espèces.* » James Burnet, Lord Monboddo d'Ecosse, écrivit ces mots en 1774, mais cent cinquante ans s'écoulèrent avant que Raymond Dart n'en découvrît la première confirmation fossile, à Taung, en Afrique du Sud : le crâne d'un jeune représentant d'une espèce éteinte de singes, intermédiaire entre l'homme et les anthropoïdes actuels, qu'il nomma *Australopithecus africanus*.

Le premier Australopithèque adulte est trouvé douze ans plus tard à Sterkfontein, toujours en Afrique du Sud, par Robert Broom, Ecossais comme Lord Monboddo. Puis, en 1938, Broom identifie dans le site voisin de Kromdraai, un autre genre d'homme singe, qu'il nomme *Paranthropus*. En 1949, c'est John Robinson, son assistant, qui trouve non loin de là, à Swartkrans, une mandibule humaine archaïque, qu'il attribue, avec Broom, à un nouveau genre, *Telanthropus**. Pendant les cinq décennies suivantes, bien que de nombreuses nouvelles espèces d'hominidés plus anciennes soient découvertes en Tanzanie, au Kenya, en Ethiopie et au Tchad, la plupart d'entre elles sont placées dans l'un des trois genres déjà existants, *Australopithecus*, *Paranthropus* ou *Homo*.

ANCÊTRES DIVERS

Cette classification conservatrice a été remise en question en 1995 : Tim White, de l'université Harvard, a rebaptisé *Ardipithecus ramidus*, un hominidé de 4,4 millions d'années découvert en Ethiopie et présenté l'année précédente sous le nom *d'Australopithecus ramidus*. Deux équipes de paléontologues qui opèrent dans deux régions différentes du Kenya ont affirmé, début 2001, la tendance à la diversification, en créant deux nouveaux genres d'hominidés. Comme d'habitude, la véritable importance de ces découvertes n'apparaîtra qu'à long terme, après des comparaisons longues et précises avec les espèces déjà connues. Toutefois, elles ont déjà un impact considérable sur la façon dont nous pouvons envisager l'apparition de la lignée humaine et de ses caractéristiques propres.

En janvier 2001, une équipe franco-kenyane dirigée par Brigitte Senut, du Muséum national d'histoire naturelle, et Martin Pickford, du Collège de France, a présenté treize fossiles d'au moins cinq individus, qui ont vécu il y a 6 millions d'années dans les collines Tugen, au centre-ouest du Kenya : des dents et des fragments de mandibules, ainsi que, et c'est plus rare, des os des membres inférieurs et supérieurs. La taille de ces derniers indique que ces animaux étaient à peu près grands comme une femelle chimpanzé : un peu plus d'un mètre de haut, pour une quarantaine de kilogrammes. Ces hominidés diffèrent suffisamment des australopithèques et d'ardipithèque, qu'ils précèdent en outre de plus d'un million et demi d'années, pour que leurs découvreurs les rassemblent dans un nouveau genre, *Orrorin* (homme originel, en langue Tugen), et bien entendu dans une nouvelle espèce, *tugenensis* (de Tugen).

La dentition *d'Orrorin tugenensis* a un caractère simiesque. Cet animal n'est toutefois pas un singe fossile : ses fémurs sont clairement ceux d'un bipède, et ont un aspect nettement humain. Les morphologies d'un humérus et d'une phalange de la main montrent qu'il était aussi adapté à la locomotion arboricole.

Les molaires d'*Orrorin* sont, comme celles des chimpanzés actuels et celles des *Homo*, beaucoup plus petites que celles des australopithèques : cette petite taille serait-elle un caractère ancestral, les grandes molaires des australopithèques résultant d'une spécialisation tardive ? Si oui, alors la petite taille des molaires des *Homo* résulte de la conservation de ce caractère ancestral, et *Homo* n'est pas issu de la lignée des australopithèques. Ce raisonnement a conduit B. Senut et ses collègues à dessiner un arbre phylogénique où *Orrorin* est un ancêtre direct d'*Homo*, le genre *Australopithecus* divergeant plus tôt, vers 7,5 millions d'années. Sur cet arbre, *Ardipithecus*, qui a aussi de petites dents jugales mais un émail fin, est placé sur la lignée qui conduit au chimpanzé, qui aurait divergé encore plus tôt, vers 8,5 millions d'années.

ARBRE DISCUTABLE

Comme chaque fois qu'un arbre phylogénique est proposé, celui-ci suscite des discussions. D'abord, la combinaison de dents simiesques avec la bipédie et le grimper arboricole n'est pas une nouveauté propre à *Orrorin* : on l'avait déjà observée chez *Australopithecus afarensis*, daté de 3,2 millions d'années, et chez *Ardipithecus ramidus*. On pouvait donc s'attendre à la trouver chez un ancêtre plus ancien.

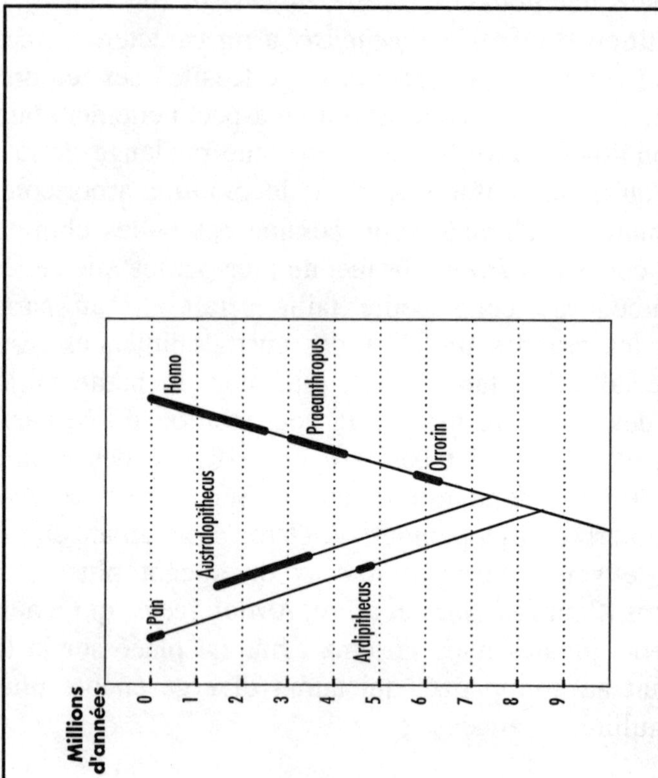

ARBRE PHYLOGÉNIQUE PROPOSÉ EN 2001 PAR LES DÉCOUVREURS D'ORRORIN

Ces caractéristiques ne suffisent pas pour placer *Orrorin* sur une lignée humaine distincte de celles des australopithèques et d'ardipithèque. Les petites molaires à émail épais d'*Orrorin* pourraient être ancestrales aussi bien pour les australopithèques à plus grandes dents que pour les *Homo* à petites dents.

Enfin, la validité du genre *Praeanthropus*, placé comme intermédiaire entre *Orrorin* et *Homo,* est sujette à caution. B. Senut y rassemble en effet des fossiles attribués par d'autres paléontologues à deux espèces d'australopithèques, *Australopithecus anamensis* et *Australopithecus afarensis*, et je ne vois aucune raison de la suivre sur ce point.

Une autre interrogation sur la structure de la lignée humaine est venue, un mois à peine après la publication d'*Orrorin*. Une autre équipe, dirigée par Meave Leakey, des Muséums nationaux du Kenya, a en effet présenté un crâne d'hominidé écrasé, deux morceaux de maxillaires, un os temporal et des dents isolées, trouvés dans des dépôts de 3,5 millions d'années à Lomekwi, dans le Turkana. Bien que cet hominidé ait une face plate et une petite boîte crânienne, plusieurs caractères crâniens le distinguent radicalement des paranthropes, qui ont aussi des faces plates. L'hominidé de Lomekwi a également une structure faciale très différente de tous les autres hominidés placés dans le genre *Australopithecus*. Comme on ne peut le rapprocher d'aucun de ces deux genres, et que son cerveau est trop petit pour qu'il soit considéré comme un *Homo*, alors il était nécessaire et justifié de créer un nouveau genre, *Kenyanthropus* (l'homme kenyan) et, encore une fois, une nouvelle espèce, *platyops* (à face plate).

La structure faciale de *Kenyanthropus* ressemble toutefois fortement à celle du crâne KNM ER 1 470, découvert en 1972 dans la même région. Malgré sa faible capacité crânienne, *Kenyanthropus* serait un ancêtre tout à fait convenable pour KNM ER 1 470.

Or, KNM ER 1 470, daté de 1,9 million d'années, a été affilié au genre *Homo*, à cause de sa capacité crânienne, supérieure à celle des australopithèques et des paranthropes, de la proéminence de son squelette nasal, un autre caractère humain, et de la petite taille de ses molaires, déduite de celle des racines. On pourrait reconsidérer cette classification, et l'affilier désormais au genre *Kenyanthropus*, dans lequel il aurait un ancêtre à 3,5 millions d'années. Le plus ancien *Homo* serait alors *Homo ergaster*, daté de 1,8 million d'années, et dont il nous resterait à trouver les ancêtres.

On peut, au contraire, maintenir que KNM ER 1 470 est bien l'un des premiers *Homo*. Le fait que ses ancêtres appartiennent au genre *Kenyanthropus* signifierait que les australopithèques ne sont pas nos ancêtres : deux genres ne peuvent donner naissance à un seul. La découverte de *Kenyanthropus* ajoute donc une nouvelle variante à la diversité des hominidés anciens, et indique que l'idée selon laquelle une espèce du genre *Australopithecus* (voire *Praeanthropus*) a évolué en *Homo habilis*, qui évolua lui-même en *Homo erectus*, et finalement en *Homo sapiens*, est sans doute trop simple.

Quelles que soient les classifications phylogénétiques qui l'emporteront, la découverte *d'Orrorin tugenensis* démontre définitivement l'existence d'hominidés il y a 6 millions d'années. On en avait déjà des indices. Martin Pickford avait ainsi découvert en 1974 à Lukeino, dans les collines Tugen, une molaire inférieure d'hominidé. Cette molaire isolée et mal comprise est d'ailleurs aujourd'hui attribuée à *Orrorin tugenensis*. Mais surtout une expédition conduite par Brian Patterson, de l'université Harvard, avait recueilli en 1967 un fragment de mandibule de 5,6 à 5,8 millions d'années avec une molaire, à Lothagam, aussi au Kenya. A cause de son caractère fragmentaire, cette mandibule n'avait toutefois pas reçu toute l'attention qu'elle aurait méritée. Outre le petit nombre de fossiles de cette période, un autre élément avait contribué, au fil des années, à entretenir l'idée que l'on ne trouverait pas d'hominidés aussi anciens. En effet, cette même année 1967 où fut découverte la mandibule de Lothagam, Vincent Sarich et A. Wilson, de l'université de

Berkeley, ont calculé que la lignée humaine et celle des singes africains actuels s'étaient séparées il y a 5 millions d'années. Ils se fondaient pour cela sur une distance immunologique déduite de l'étude des albumines sériques*. Ces calculs s'inscrivaient dans une échelle de datation de toutes les divergences entre les singes de l'ancien monde et les grands singes, qui a été popularisée sous le nom d'horloge moléculaire*.

HORLOGE DÉCALÉE

Bien que cette horloge moléculaire ait été étalonnée à partir d'une date paléontologique, de 30 millions d'années pour la séparation entre les singes de l'ancien monde et les grands singes, elle s'est progressivement affirmée indépendamment des fossiles. A tel point que V. Sarich a affirmé en 1971 que les données moléculaires sur les relations entre les chimpanzés et les humains étaient si complètes qu'aucun fossile de plus de 8 millions d'années ne pourrait être considéré comme un hominidé, quel que soit son aspect. Aujourd'hui, avec les 6 millions d'années d'*Orrorin*, la possibilité que l'on découvre des hominidés encore plus anciens est plus que jamais à l'ordre du jour. Les biologistes vont être contraints de réviser leur horloge moléculaire !

En 1863, lorsque le biologiste T.H. Huxley écrivit son essai sur la place de l'homme dans la nature on ne connaissait qu'un seul genre d'hominidé, *Homo*, représenté par une seule espèce, *sapiens*. La même année, une nouvelle espèce était créée, *Homo neandertalensis*, pour une calotte crânienne assez récente d'un hominidé à gros cerveau découvert en Allemagne. Personne à l'époque ne pouvait imaginer les étranges combinaisons fossiles archaïques entre l'homme et le singe que l'on allait trouver. Pourtant, Huxley était remarquablement clairvoyant lorsqu'il écrivit :

« Où devons-nous chercher l'homme primordial ? Le premier *Homo sapiens* vivait-il au Pliocène*, au Miocène*, ou encore avant ? Les os fossilisés d'un singe plus anthropoïde ou d'un homme plus pithécoïde attendent-ils les recherches d'un paléontologue pas encore né, dans des strates encore plus anciennes ? »

Même si *Kenyanthropus* est un ancêtre d'*Homo*, nous savons aujourd'hui que le plus ancien *Homo sapiens* n'a pas vécu au Pliocène, sans parler du Miocène. En revanche, le plus ancien hominidé connu, *Orrorin tugenensis*, est incontestablement du Miocène. Nous savons aujourd'hui répondre aux questions d'Huxley, et la prophétie de Lord Monboddo s'est réalisée.

R. J. C.

LES PREMIERS HOMMES HORS D'AFRIQUE

Valery Zeitoun

La majorité des paléontologues pensait jusqu'en 1999 que les hominidés, apparus en Afrique, avaient quitté ce continent il y a un million d'années seulement. Des découvertes successives en Géorgie, soutenues par des indices isolés en Asie et en Europe, révèlent toutefois que cette première migration s'est produite bien plus tôt, à la faveur d'un réchauffement général du climat.

Nous trouvons rarement des restes d'homme fossile. Qui plus est, ces vestiges sont souvent incomplets. Aussi chaque découverte apporte-t-elle des informations capitales quant à l'origine et à l'évolution de notre espèce. Certaines confirment un modèle en place ; beaucoup suscitent de nouvelles interrogations. D'autres, enfin, nous incitent à reconsidérer radicalement notre point de vue et contribuent à nous faire changer de paradigme.

La mise au jour, par l'équipe de Léo Gabunia, de l'institut de paléobiologie de Tbilissi, de deux crânes humains en bon état dans le site géorgien de Dmanisi appartient à cette dernière catégorie : de concert avec des découvertes antérieures, négligées car contradictoires avec le paradigme en vigueur, elle remet en question le modèle admis depuis les années 1970 pour le peuplement de l'Europe et de l'Asie.

Quelle est la première espèce du genre *Homo* ayant quitté l'Afrique pour coloniser l'ancien monde ? Quand, dans quelles circonstances et par quel itinéraire ? Jusqu'à présent *Homo erectus* avait la faveur des anthropologues. Selon la vision « classique », cette espèce, qui a vécu entre environ 1,5 million d'années et 200 000 ans, se distinguait surtout de ses prédécesseurs par un volume crânien supérieur, (1 000 centimètres cube) : un plus grand potentiel cognitif lui aurait donné les capacités nécessaires à la conquête de l'Asie et de l'Europe. Ce modèle reposait sur le fait que les plus anciens *Homo erectus* avaient été mis au jour en Afrique de l'Est et que les plus récents se trouvaient en Asie et en Europe. Homo erectus était alors une espèce largement distribuée dans le temps et dans l'espace et était probablement l'ancêtre des néandertaliens* et, surtout des *Homo sapiens sapiens*, c'est-à-dire nous-mêmes.

ERECTUS DISCUTÉ

Une première critique de ce modèle vient de la définition même d'*Homo erectus*, sujet de bien des controverses. Les spécialistes ne s'entendent pas sur le nom qu'il convient d'inscrire sur l'étiquette, ne collent pas l'étiquette sur la même boîte, ni même ne remplissent la boîte de la même manière.

L'espèce *Homo erectus* a été définie à partir d'un crâne découvert en 1891 à Trinil, en Indonésie, par Eugène Dubois. Outre sa capacité crânienne, un aplatissement du crâne associé à une faible convexité de l'os frontal, un rétrécissement prononcé du crâne derrière les orbites, des avancées osseuses à la base des oreilles réduites et des parois osseuses épaisses, il présente certaines superstructures osseuses, en particulier un important bourrelet au-dessus des orbites et un épaississement des os au milieu de la voûte crânienne. Le problème de cette définition réside dans le fait que tout ou partie de ces caractères sont aussi présents chez des spécimens reconnus comme appartenant à d'autres groupes, notamment les néandertaliens, et les formes archaïques d'*Homo sapiens*.

Depuis une vingtaine d'années, l'idée qu'*Homo erectus* serait une espèce intermédiaire entre *Homo habilis*, premier représentant du genre *Homo* apparu en Afrique il y a 2,5 millions d'années, et *Homo sapiens* est concurrencée par une vision plus « buissonnante » de l'évolution : des espèces proches auraient coexisté. Cette idée a notamment été favorisée par l'intégration de la méthode cladistique* en systématique zoologique.

Il existe cependant encore des désaccords. Ainsi pour certains spécialistes, *Homo erectus* serait une lignée d'origine unique asiatique, définie par des caractères dérivés qui lui sont propres et qui n'existent pas en Afrique. Les formes africaines appartiendraient alors à une autre lignée qui pourrait être le groupe frère (des cousins en quelque sorte), voire l'ancêtre direct des formes africaines d'*Homo sapiens*. Mais, pour d'autres, il est impossible de distinguer les formes africaines et asiatiques si ce n'est par des fréquences différentes pour certains caractères. Dans ce cas, *Homo erectus* serait une lignée unique ayant couvert tout l'ancien monde (Asie et Afrique), et il posséderait des caractères dérivés qui lui sont propres, ou bien ce serait un grade évolutif, c'est-à-dire que ses caractères seraient tous primitifs par rapport à ceux *d'Homo sapiens*.

Une analyse cladistique des caractères crâniens des représentants du genre *Homo* conduit à la distinction d'une première séquence de quatre catégories d'hommes fossiles de niveau équivalent. Ces catégories peuvent être érigées au rang d'espèce, puisque c'est la qualification qui a été attribuée à deux au moins des quatre spécimens qui définissent ces embranchements : *Homo rudolfensis* et *Homo ergaster*. L'espèce *Homo erectus* se limite alors au spécimen type de Trinil et à la série de Sangiran, en Indonésie, et à un seul fossile africain, qui est d'ailleurs le plus ancien représentant de cet ensemble.

Deux embranchements principaux apparaissent ensuite. L'un regroupe des spécimens africains autour du crâne zambien de

Broken Hill (anciennement nommé *Homo sapiens rhodesiensis*) et des spécimens asiatiques autour de la série indonésienne de Ngandong (anciennement nommés *Homo sapiens soloensis*). Le second embranchement comporte une série de branches avec des *Homo sapiens* « archaïques », puis l'homme moderne et la lignée néandertalienne. Tout cet ensemble de branches pourrait alors être nommé *Homo sapiens*.

PEUPLEMENT RÉCENT

Si certains auteurs abandonnent *Homo erectus* comme espèce intermédiaire et acceptent les espèces ancestrales (ou cousines) *Homo rudolfensis* et *Homo ergaster* en Afrique de l'Est, le scénario dominant s'accorde encore à reconnaître que c'est *Homo erectus* qui est, le premier, sorti d'Afrique, il y a un peu plus d'un million d'années. C'est que ses ancêtres ou ses vieux cousins sont africains et, que de 800 000 ans à 200 000 ans, des *Homo erectus* sont reconnus en Inde, en Indonésie et en Chine.

En Chine, à Choukoutien en particulier, les données radiométriques et la biostratigraphie indiquent des dates entre 800 000 et 200 000 ans.

Le site indien de Narmada n'apporte pas d'éléments chronologiques mais est considéré comme un jalon géographique dans la progression de *Homo erectus* vers l'est. Les sites indonésiens ne seraient pas plus anciens que 800 000 ans. En Europe, les plus anciens humains seraient les hommes de la Gran Dolina d'Atapuerca, en Espagne, datés autour de 800 000 ans et le crâne de Ceprano en Italie vers 700 000 ans.

C'est ce scénario que la découverte de deux nouveaux crânes à Dmanisi remet en question. Le site de Dmanisi est connu des paléoanthropologues depuis 1989, lorsqu'une mandibule humaine et une faune villafranchienne (2,8 à 0,9 million d'années) ont été découvertes, à l'occasion de fouilles archéologiques dans l'ancienne ville médiévale. La datation de la couche de basalte sous-jacente, par la méthode potassium argon*, indiquait que celle-ci s'était formée il y a 1,8 million d'années. L'attribution de cette date à la faune et aux vestiges humains a été accueillie avec scepticisme par la communauté anthropologique. C'est en effet au mieux une limite antérieure au dépôt des vestiges.

La faune semblait incontestablement du Pléistocène (1,8 million à 10 000 ans), mais avant la découverte des vestiges humains elle avait été attribuée au Pléistocène moyen, qui commence il y a seulement 800 000 ans. La comparaison des espèces présentes avec celles du Pléistocène asiatique, européen ou même africain ne permettait pas un calage chronologique plus précis.

Du point de vue anatomique, l'arc mandibulaire présentait des caractères primitifs relativement à ceux de l'homme moderne. Ceux-ci ne permettaient pas de situer objectivement cet individu parmi les *Homo erectus* ou parmi les *Homo sapiens* archaïques. Compte tenu de la portion anatomique conservée, le spécimen ne pouvait pas non plus être exclu de la lignée néandertalienne.

EXPORTATIONS AFRICAINES

De nouvelles données sur la faune recueillies à l'occasion des travaux de l'été 1999, telles que la présence d'autruche géante, de protogiraffidé et de loup, font dire à A. Vekua, L. Gabunia et D. Lordkipanidze que celle-ci présente un cachet africain. Toutefois, les protogiraffidés existent aussi en Asie à une période antérieure. De même, la présence du loup, plus exactement de *Canis etruscus*, est un argument chronologique discutable : les paléontologues considèrent qu'après avoir disparu d'Europe au début du Villafranchien il y a 2,8 millions d'années, le loup connaît une forte expansion européenne vers 1,7 million d'années. Il avait toutefois survécu en Asie, et la Géorgie occupe une position frontière entre ces deux aires géographiques. Malgré ces réserves, la faune de Dmanisi est caractéristique d'un environnement de type savane plus ou moins arboré, comme la faune généralement présente en Afrique orientale vers 1,8 million d'années.

Un autre aspect, plus important de notre point de vue, concerne l'anatomie de deux nouveaux crânes qui ont été mis au jour pendant l'été 1999. Leur morphologie est très proche de celle du spécimen est-africain attribué à *Homo ergaster* et mis au jour sous une couche de tuf volcanique de 1,78 million d'années. Quelques traits anatomiques sont aussi comparables à ceux d'un individu kenyan d'espèce indéterminée qui aurait au moins 1,88 million d'années.

Selon L. Gabunia, la capacité crânienne des spécimens géorgiens, de l'ordre de 700 à 800 centimètres cube est intermédiaire entre celles de ces deux individus africains. Avant de considérer le réel impact de la découverte des crânes de Dmanisi dans ce contexte global, il faut encore attendre qu'ils soient décrits anatomiquement et en détail. Toutefois, ils seront vraisemblablement affiliés à *Homo ergaster*, comme le suggéraient déjà, à partir de la seule mandibule, A. Rosas et J. M. Bermudez de Castro, du Musée national des sciences naturelles de Madrid, et désormais L. Gabunia.

800 000 ANS DE PLUS

Une convergence d'éléments nous incite donc à regarder le site de Dmanisi comme un « coin d'Afrique au bord de la mer Noire » : nous y observons des hommes morphologiquement proches de ceux présents en Afrique de l'Est il y a 1,8 million d'années, vivant dans un environnement et parmi une faune similaires. L. Gabunia, A. Vekua et D. Lordkipanidze font d'ailleurs remarquer que, si l'on suit le trajet du Rift africain à travers ses extensions naturelles que sont la mer Rouge et la faille du Levant, on aboutit naturellement à l'orée de la Géorgie.

L'arrivée en Europe des premiers hommes est donc plus ancienne d'au moins 800 000 ans que les dates communément admises. Cette hypothèse avait déjà été émise, sur la base de vestiges de présence humaine en Eurasie pour la période allant de 2 à 1 million d'années. Ceux-ci ont toutefois été assez systématiquement écartés. La prudence est certes de rigueur vis-à-vis de la datation et de l'authenticité de plusieurs d'entre eux, mais les objections formulées quant à la validité de certains sites tiennent aussi en partie au fait qu'ils livraient des informations opposées à un paradigme dominant.

RARES VESTIGES

Un premier faisceau d'indices concerne des outils en pierre, au Proche-Orient, au Pakistan et en Chine pour l'Asie, en France, en Espagne et en Italie pour l'Europe. Rien ne nous indique, sur ces sites, quel représentant du genre *Homo* est l'auteur de l'outillage. D'autant que, comme l'a démontré ailleurs Bernard Vandermeersch, de l'université de Bordeaux I, une même culture peut être le fait de groupes humains différents. Nous disposons toutefois également de quelques vestiges humains anciens hors d'Afrique. Des restes dentaires attribués au genre *Homo* sont rapportés à des niveaux datés de 1,98 à 1,78 million d'années à Longgupo, en Chine. D'autres vestiges osseux sont décrits à 1,6 million d'années à Youanmou et à 1,13 million d'années à Gongwangling. En Indonésie, le sédiment de remplissage du crâne d'enfant de Modjokerto est maintenant daté d'environ 1,8 million d'années et deux crânes de Sangiran de 1,66 million d'années. Ces spécimens javanais sont considérés comme des *Homo erectus*.

FORTE DIVERSIFICATION

La prise en compte de toutes ces données et leur confrontation avec les évolutions climatiques nous permettent de proposer un nouveau scénario pour le peuplement de l'Eurasie. Nous observons d'abord, peu après 2,4 millions d'années, date probable d'apparition du genre *Homo*, l'existence de quatre espèces, issues d'une radiation évolutive précoce en Afrique orientale après un changement climatique : l'étude des faunes et des flores, en particulier en Afrique de l'Est, témoigne d'un refroidissement et d'un assèchement qui débutent à l'échelle globale avec la formation des deux calottes polaires. Les bovidés ainsi que les Cercopithèques, des primates vivant dans le même environnement que l'Homme, se sont également fortement diversifiés en Afrique de l'Est à cette époque.

Ensuite, autour de 1,8 million d'années, un regain relatif d'humidité serait une circonstance favorable pour la sortie d'Afrique. A l'occasion de ce changement climatique, certaines populations du genre *Homo* auraient migré. Ces migrations étaient sans doute entremêlées d'événements isolés d'extinctions, et des espèces se seraient encore dissociées régionalement. Les hommes de Dmanisi seraient l'une de ces populations.

C'est dans ce buissonnement d'espèces qu'est apparu *Homo sapiens*. Où et quand ? Les fossiles sont trop peu nombreux pour qu'une réponse définitive à cette question émerge aujourd'hui. Le plus ancien crâne d'*Homo sapiens* « archaïque » a été découvert en Érythrée, à Danakil, en 1997, dans des sédiments de un million d'années, soit au moins 700 000 ans plus tôt que la date communément admise pour l'apparition de notre espèce. L'analyse des restes d'environ 800 000 ans découverts à Atapuerca par les anthropologues espagnols vont d'ailleurs dans le même sens. Nous devons nous attendre, là aussi, à une prochaine révision du paradigme dominant.

V. Z.

GRANDES QUESTIONS POUR UNE SI PETITE FEMME

Anna Musso

Homo floresiensis, *espèce humaine découverte en 2004 sur une île indonésienne, sème le trouble chez les paléontologues. Sa petite taille et son âge récent remettent en question toutes les certitudes sur l'évolution humaine.*

Le 28 octobre 2004, un article de la revue *Nature* met en émoi les anthropologues du monde entier : il présente une nouvelle espèce humaine, qui aurait vécu jusqu'il y a 18 000 ans. Surtout, le squelette type est à peine plus grand qu'un enfant de trois ans et a la capacité crânienne d'un chimpanzé, bien qu'il ait appartenu à un adulte, comme en témoignent ses dents de sagesse ! Des fragments d'os et des dents de petite taille, retrouvés dans le même site, appartiendraient à sept autres individus, âgés de 95 000 à 13 000 ans, mais rien ne permet d'affirmer encore qu'ils sont de la même espèce.

ÉVOLUTION INVERSÉE

Exhumé par une équipe australo-indonésienne sur l'île de Flores, dans l'est de l'Indonésie, le squelette quasi complet du nouvel hominidé, baptisé *Homo floresiensis,* est celui d'une femme. Il possède une combinaison de caractères inédits. Son mètre de haut et les 380 centimètres cubes de sa boîte crânienne le rapprocheraient plutôt des Australopithèques, des préhumains qui vivaient il y a 4 à 2 millions d'années. Mais sa bipédie, la morphologie de sa face, la taille de ses dents, la finesse et la proportion de son squelette l'apparentent sans conteste au genre *Homo*… Du jamais-vu !

« Jusqu'à présent, nous pensions que l'évolution humaine s'accompagnait d'un accroissement de la capacité crânienne et d'une augmentation de la taille corporelle », explique Bruno Maureille, du CNRS à Bordeaux. De ce point de vue, *Homo floresiensis* brave toutes les règles. L'insolent affiche une capacité crânienne trois à quatre fois inférieure à celle de son contemporain *Homo sapiens.* Quant à sa taille, elle n'atteint même pas celle d'*Homo habilis,* plus ancien de 2 millions d'années au moins.

D'après ses découvreurs, ce « micro-adulte », dépourvu de menton, descendrait d'*Homo erectus,* un hominidé dont la présence est connue sur l'île de Java il y a près de 1,6 million d'années. Ses caractères morphologiques en sont proches et, il y a six ans, une partie de la même équipe avait déjà découvert sur l'île des outils datés de 800 000 ans, attribués à *Homo erectus.* Reste à expliquer les proportions lilliputiennes d'*Homo floresiensis,* alors que son ancêtre mesurait environ 1, 65 mètre pour un volume cérébral de 900 centimètres cubes.

Les auteurs avancent l'hypothèse d'un nanisme insulaire, phénomène bien connu chez les grands mammifères en situation d'isolat : la limitation des ressources disponibles sur un territoire exigu privilégie les petites tailles, l'absence de prédateurs autorise cette évolution. À l'inverse, les petits animaux deviennent « géants ». Et loin de n'être que des modèles réduits, les mammifères nains constituent des espèces à part entière, aux modes de vie et aux adaptations différents.

L'île de Flores n'aurait en effet jamais été rattachée au continent, même lorsque le niveau marin a fortement baissé au cours des périodes glaciaires. *Homo floresiensis* a en outre été retrouvé avec des restes d'une espèce naine de stégodon, apparentée aux éléphants, et d'un dragon de Komodo, un lézard géant. L'homme de Flores représenterait donc le premier cas de nanisme insulaire humain. « *Une hypothèse tout à fait satisfaisante* » juge François Sémah, du Muséum national d'histoire naturelle. « *Si l'interprétation est avérée, cela montrera que, malgré sa culture, l'homme reste assujetti à l'environnement et soumis aux mêmes règles évolutives que les autres mammifères* », observe Sandrine Prat, du CNRS à Paris. « *Ce phénomène révèle une grande variabilité morphologique au sein du genre* Homo *et une forte flexibilité d'adaptation face aux différentes conditions environnementales* », conclut-elle.

NANISME PATHOLOGIQUE

L'homme ne serait-il donc qu'une bête parmi les autres ? D'autres spécialistes en doutent : « *L'analogie avec les stégodons me paraît facile. Qu'une pression de sélection naturelle s'exerce sur les herbivores, dans un milieu où les quantités de nourriture sont moindres et où la pression de prédation diminue, on peut le comprendre. En revanche, je ne vois pas pourquoi les hommes, omnivores, auraient rapetissé. D'une part, ils possédaient une large variété de ressources alimentaires. D'autre part, les restes animaux suggèrent qu'ils chassaient justement le stégodon. Pour toutes ces raisons, il aurait été tout aussi naturel qu'ils deviennent géants, comme cela arrive parfois chez d'autres animaux placés dans de telles conditions !* » commente Éric Crubézy, de l'université Paul-Sabatier de Toulouse. Bruno Maureille s'interroge, lui aussi, sur la nature du processus naturel qui aurait favorisé la diminution de la taille des hommes. « *L'île de Flores n'est pas aussi petite que celles où ont été retrouvés les fossiles de mammifères nains* », note-t-il. Il propose une autre explication : « *Si une petite population portant déjà en elle une déficience en hormone de croissance s'était retrouvée isolée sur l'île, des relations par consanguinité auraient pu favoriser l'expression d'une mutation génétique et provoquer ainsi une diminution de la taille de toute la population en quelques générations.* »

Reste l'hypothèse du nanisme pathologique : la femme de Flores ne serait-elle qu'un cas isolé au sein d'une population de taille « normale » ? À peine était-elle sortie de l'anonymat que deux anthropologues australiens l'accusaient déjà de n'être qu'un *Homo sapiens* atteint de microcéphalie, une difformité caractérisée par un très petit crâne. L'argument de la pathologie est classique lors de la découverte d'une nouvelle espèce. L'homme de Neandertal, au milieu du XIXe siècle, avait d'abord été qualifié d'« idiot rachitique », et il avait fallu attendre près de trente ans pour qu'il soit reconnu en tant qu'espèce à part entière. La question mérite toutefois d'être posée. « *En paléontologie, le cas pathologique constitue l'hypothèse zéro,* rappelle Valéry Zeitoun, du CNRS à Paris, *et à ce stade de nos connaissances sur ce fossile, le nanisme hypophysaire, forme harmonieuse de nanisme (à la différence d'autres nanismes, la tête, les membres et le tronc sont relativement bien proportionnés) qui peut se transmettre génétiquement, demeure envisageable.* » D'autant qu'elle se diffuse plus facilement au sein d'une population endogame, constituée, par exemple, d'un groupe isolé sur une île.

Le cas existe dans la province de Sindh au Pakistan, où une vingtaine de personnes sont affectées par cette pathologie, provoquée par une mutation du gène récepteur de l'hormone de croissance. Toutes ont une taille comprise entre 1,13 mètre et 1,36 mètre et sont dotées d'une capacité crânienne exceptionnellement réduite, relativement proportionnelle à leur masse corporelle. « *Pour écarter formellement cette hypothèse, il faudrait, si l'on ne découvre pas d'autres individus de même taille, pratiquer une analyse ADN sur le fossile ou vérifier si la base du crâne entourant la glande hypophysaire est mal formée. Ce que je n'ai pas réussi à déterminer en regardant les photos publiées par* Nature », explique Gerhard Baumann, de l'université Northwestern de Chicago, coauteur de l'étude sur les hommes de Sindh. On attend avec impatience la description plus détaillée du fossile.

A. M.

HOMO SAPIENS PREND DE L'ÂGE

Éric CRUBERY et José BRAGA

Il y a environ 2,5 millions d'années, le genre Homo *apparaissait en Afrique. Il s'est ensuite répandu en Europe et en Asie. Les différentes populations humaines ont-elles contribué, et dans quelle mesure, à la formation de l'espèce* Homo sapiens sapiens *? A ces questions, autrefois débattues par les seuls paléontologues, les généticiens apportent désormais leur contribution. Ils ont d'abord soutenu l'hypothèse d'une apparition récente de notre espèce, il y a seulement 150 000 ans. Elle aurait ensuite remplacé toutes les autres. Aujourd'hui, à la lumière de l'extension des analyses génétiques et de l'amélioration du traitement des informations obtenues, la conclusion est différente : les* Homo *du monde entier se seraient mélangés depuis au moins 600 000 ans.*

Il ne se passe guère de mois sans qu'une revue scientifique ne publie un article qui affirme avoir enfin un argument décisif sur l'origine de notre espèce, *Homo sapiens sapiens*. La multiplication des études génétiques sur des populations actuelles permet d'apprécier de mieux en mieux notre variabilité, et donc de se faire une idée de son origine. De nouveaux fossiles sont découverts, toujours plus anciens ou plus semblables à nous. Et l'ADN extrait de ces fossiles apporte parfois des données qui auraient relevé de la science-fiction il y a quelques années.

Où, quand et comment *Homo sapiens* est-il apparu ? L'honnêteté commande d'avouer d'emblée que cette question n'aura jamais de réponse très précise. L'une des définitions les plus communément admises de l'espèce est celle d'un ensemble d'individus potentiellement interféconds et dont la descendance est elle-même féconde. Elle ne peut évidemment pas s'appliquer en ce qui concerne les populations du passé. Afin d'éviter les malentendus, il est de plus en plus habituel de nommer « hommes modernes », ou « hommes anatomiquement modernes », les fossiles dont l'anatomie est identique à la nôtre. Quant à savoir lesquels appartiennent à l'espèce *Homo sapiens*, voire à notre sous-espèce, *Homo sapiens sapiens*, c'est une autre affaire.

Les plus anciens de ces hommes modernes sont africains et proche-orientaux. Ils ont entre 100 000 et 200 000 ans. Le site éthiopien, Herto, en a récemment livré plusieurs spécimens, datés de 160 000 ans au moins deux adultes et un enfant. D'autres, moins bien conservés ou moins bien datés, mais peut-être aussi anciens, sont connus ailleurs en Éthiopie, en Afrique du Sud et en Afrique du Nord. Au Proche-Orient, carrefour de l'Afrique, de l'Asie et de l'Europe, les restes d'hommes modernes les plus anciens sont datés avec certitude aux alentours de 100 000 ans. Ils sont nombreux et bien conservés, car ils proviennent presque tous de sépultures.

Ceux que l'on a trouvés jusqu'à présent dans le reste de l'Asie et en Australie ont un âge estimé à 60 000 ans environ. En Europe, la présence d'hommes modernes, plus récente, daterait au maximum de 40 000 ans, et le peuplement des Amériques est encore postérieur.

INFORMATIONS NON COMPARABLES

À l'exception de l'Australie et des Amériques, toutes les parties du monde étaient déjà peuplées avant l'apparition de l'homme moderne. Leurs occupants descendaient des représentants du genre *Homo* sortis d'Afrique il y a un peu moins de 2 millions d'années. Ces populations ont-elles contribué à l'émergence de notre espèce ? Un peu, beaucoup, pas du tout ? Aucune des réponses apportées à cette question ne fait l'objet d'un consensus parmi la communauté scientifique.

Le débat n'est pas nouveau. Dans le passé, alors que les discussions ne se fondaient que sur la morphologie osseuse des fossiles et des populations modernes, surtout des crânes, il a même parfois été beaucoup plus passionné qu'aujourd'hui. Mais, depuis une quinzaine d'années, nous disposons en plus de données génétiques. Or, fossiles et gènes ne livrent pas des informations comparables. La synthèse est donc excessivement difficile lorsque les arguments des uns et des autres ne vont pas dans le même sens.

Les généticiens connaissent parfaitement les modes de transmission de génération en génération du code génétique sur lequel reposent ces données. La multiplication des études a toutefois montré que les informations obtenues par l'étude des gènes à transmission uniquement maternelle ou paternelle, ou de ceux dont nous héritons pour moitié de notre père et de notre mère ne sont peut-être pas à placer sur le même registre. Quant aux études portant sur l'ADN des fossiles, leurs résultats sont encore beaucoup trop partiels pour que l'on puisse en tirer des arguments probants. Les paléontologues, de leur côté, connaissent, en principe, l'ancrage dans le temps et dans l'espace de l'apparition de l'homme moderne grâce à la datation des fossiles. Mais, malgré tout, ceux-ci restent rares pour certaines régions ou pour certaines époques. En outre, le mode de transmission des caractères osseux pris en compte est inconnu. Enfin, le concept même d'espèce paléontologique est de plus en plus discuté…

ORIGINE MULTIRÉGIONALE

On peut synthétiser le débat actuel sur nos origines comme l'affrontement entre trois hypothèses. La plus ancienne, défendue dès les années trente, est nommée polycentrique, pluricentriste ou encore multirégionale. Elle postule que les populations ancestrales du genre *Homo* sur les différents continents, l'Afrique et l'Asie notamment, auraient évolué indépendamment vers les *Homo sapiens sapiens* actuels. Les hommes modernes apparaîtraient donc de façon indépendante en plusieurs endroits, et leur racine commune daterait de 500 000 à 700 000 ans, voire plus.

Le principal argument de cette théorie est d'ordre morphologique : à plusieurs reprises, des anthropologues ont défendu l'idée d'une continuité spécifique à une région géographique. Ainsi, dans les années trente et quarante, Franz Weidenreich, l'un des découvreurs de l'Homme de Pékin, daté de 250 000 à 500 000 ans, proposait que ce dernier fût un ancêtre direct des Chinois actuels. Plus récemment, Milford Wolpoff, de l'université du Michigan, a soutenu que les populations asiatiques actuelles et les plus anciens fossiles d'*Homo sapiens* de l'Extrême-Orient ou du Moyen-Orient présentaient des traits particuliers en commun. Ces traits seraient également partagés par des fossiles encore plus anciens, attribués à différentes espèces d'*Homo* : *Homo erectus* (comme le crâne chinois de Dali) ou *Homo sapiens* archaïques (les crânes de Maba et de Xujiayao, aussi en Chine, par exemple).

Toutefois, selon la vision néodarwinienne de l'évolution, l'apparition des espèces repose d'abord sur le hasard. Deux espèces différentes n'ont donc pas pu évoluer vers une même espèce au même moment et en deux lieux éloignés. Les anthropologues qui défendent l'hypothèse multirégionale doivent alors minimiser le nombre d'espèces fossiles. Par exemple, Milford Wolpoff ou Alan Thorne, de l'université nationale australienne, ont classé la plupart des *Homo* en une seule espèce, *Homo sapiens*. Selon eux, elle représenterait notre genre depuis son apparition, il y a au moins 2,6 millions d'années.

REMPLACEMENT TOTAL

La principale opposition à cette hypothèse polycentrique est représentée par l'hypothèse monocentrique, formulée en 1988 par Christopher Stringer et Peter Andrews, du Muséum d'histoire naturelle de Londres, sous le nom de spéciation/remplacement ou Arche de Noé. Elle est aussi connue sous le nom d'Out of Africa. Selon ses tenants, la continuité régionale en Extrême-Orient ne repose sur aucune preuve certaine. Il y a en effet une lacune de 50 000 à 150 000 ans durant laquelle les restes fossiles probants font défaut, et la continuité morphologique pourrait être interprétée comme la persistance de caractères ancestraux. Par ailleurs, les populations asiatiques et africaines seraient génétiquement très proches, et leur origine commune ne serait pas si ancienne.

L'hypothèse Out of Africa distingue, entre les premiers représentants du genre *Homo* et les hommes anatomiquement modernes, de nombreuses espèces, morphologiquement proches, mais évoluant indépendamment. L'une d'entre elles – d'origine africaine dans la plupart des scénarios (d'où son nom), mais pourquoi pas proche-orientale ? – aurait été à l'origine des premiers hommes modernes. Ceux-ci auraient complètement remplacé les sujets des autres espèces déjà présents dans le monde entier.

Cette proposition s'est fortement appuyée sur la publication, en 1987, d'une étude portant sur l'ADN contenu dans nos mitochondries, organites responsables de la respiration des cellules. Le principal résultat qui en a été retenu était que toute la population humaine actuelle descendrait d'une « Ève » qui aurait vécu en Afrique il y a 140 000 à 290 000 ans. Cet intervalle de temps était justement celui au cours duquel les paléontologues avaient trouvé les plus anciens hommes anatomiquement modernes (ce qui n'a pas été démenti depuis).

Le génome mitochondrial se transmet en effet, sans remaniement, de la mère à ses enfants, car les mitochondries du spermatozoïde sont situées dans sa queue, qui ne pénètre pas dans l'ovule. Les différences observées dans les séquences de cet ADN entre les individus d'une population proviennent des mutations qui se produisent de façon aléatoire et sont transmises à la descendance. En retraçant le passage d'une séquence à une autre grâce à une ou plusieurs mutations, les généticiens ont reconstitué une séquence ancestrale, théoriquement commune à toute l'humanité. Ils ont ensuite estimé l'ancienneté de cette séquence ancestrale en utilisant la méthode dite de l'horloge moléculaire*.

Pendant plus de dix ans, cet argument a été très fort. Mais en 2000, une étude semblable a été menée sur une partie du chromosome Y, qui se transmet directement de père en fils (les femmes n'ont pas de chromosome Y). La datation proposée pour la séquence ancestrale était cette fois de 59 000 ans. Dans un premier temps, la différence de résultat avec les études de l'ADN mitochondrial a semblé paradoxale. Certains se sont même demandé, de façon humoristique, comment « Adam » (le porteur de la séquence ancestrale du chromosome Y) et « Ève » (la porteuse de la séquence ancestrale de l'ADN mitochondrial) avaient pu se rencontrer, à plus de 100 000 ans d'écart !

L'explication provient du fait qu'il ne faut pas confondre une séquence génétique, le sujet qui la porte et la population dont il est issu. Notre ancêtre mitochondriale n'était pas seule. Elle a seulement eu plus de descendants que ses contemporaines, sur le long terme, et les autres variantes de son époque n'ont pas été transmises jusqu'à nous. Et, parmi ses contemporains masculins, certains possédaient une variante du chromosome Y à l'origine de celle rencontrée il y a 59 000 ans.

Les dates obtenues par ces reconstructions renvoient à une population où, parmi les différentes séquences génétiques en présence, une seule a des « séquences filles » (résultant de mutations) dans la population actuelle. On ne date pas l'apparition de cette séquence ancestrale, mais plutôt le moment où elle commence à muter. Le premier, ou la première, à porter cette séquence pouvait très bien appartenir à une population antérieure à celle à laquelle remontent les arbres phylogénétiques. Ainsi, notre véritable ancêtre mitochondriale pourrait ne pas être une femme anatomiquement moderne, mais une forme antérieure, d'il y a, par exemple, 500 000 ans.

Cette approche génétique est devenue plus complexe avec l'étude d'autres parties du génome, transmises cette fois par les deux parents. À l'exception de l'ADN mitochondrial et du chromosome Y, nous recevons 50 % de l'ADN de notre père et 50 % de l'ADN de notre mère. Il est classique de dire que 25 % de notre ADN provient de chacun de nos grands-parents et 12,5 % de chacun de nos arrière-grands-parents, etc. À mesure que l'on remonte le temps, le pourcentage réel s'écarte toutefois de plus en plus d'une division par deux à chaque génération. En effet, la probabilité pour que des sujets relevant de la lignée paternelle et maternelle soient apparentés devient alors de plus en plus grande.

Quoi qu'il en soit, des femmes faisant partie de la génération de l'Ève ancestrale et des hommes relevant de la génération de l'Adam ancestral, et avec lesquels nous n'avons aucun lien par l'ADN mitochondrial ni par le chromosome Y, ont très bien pu nous léguer d'autres parties de leur ADN. Il se pourrait même que tous nous aient légué une partie de leur génome mais dans des proportions très différentes d'un sujet à l'autre. On pourrait même supposer un ancrage dans le temps différent pour l'origine de chaque gène.

DES GÈNES TRÈS ÂGÉS

Le traitement de l'information contenue dans ces gènes à transmission biparentale est plus compliqué que pour les gènes à transmission monoparentale, et les modes de calcul ou de traitement phylogénétique restent sujets à caution. Ils indiquent souvent une origine plus ancienne que celle des gènes monoparentaux.

Ainsi, des études effectuées sur une partie du chromosome X en fixent l'origine à 1,8 million d'années, une autre, sur une protéine, à 1,3 million d'années... De telles dates sont bien éloignées des premiers hommes anatomiquement modernes ou de leurs prédécesseurs immédiats. Elles renvoient aux débuts du genre *Homo*, à une époque où certaines espèces s'étaient déjà répandues sur plusieurs continents, notamment en Asie. On ne peut donc pas exclure qu'une partie de notre génome provienne de quelques-uns de ces premiers migrants.

Par ailleurs, les données génétiques ont aussi longtemps servi à défendre l'idée d'une origine africaine de notre espèce, en accord avec l'origine géographique des plus anciens fossiles. Les séquences ancestrales auraient existé en Afrique, raisonnaient les généticiens, car c'est sur ce continent que le maximum de variabilité est mis en évidence, tant pour l'ADN mitochondrial que pour le chromosome Y, voire pour de nombreux gènes à déterminisme biparental. Certaines études suggéraient même que des sujets des populations actuelles d'Afrique du Sud et d'Éthiopie pourraient avoir des séquences proches des séquences ancestrales.

Là encore, toutefois, l'interprétation est discutable. Dès 1982, le statisticien John Kingman, alors à l'université d'Oxford, avait en effet montré que le maximum de variabilité au sein d'une population n'indique pas forcément sa zone d'origine, mais peut-être plutôt le lieu où son expansion démographique aurait été la plus forte. Plus les populations sont grandes, plus il y a de chances, à chaque génération, qu'une ou plusieurs mutations s'y produisent. La plus grande variabilité africaine ne renvoie donc pas forcément à l'origine de notre espèce sur ce continent, mais aux expansions démographiques qu'ont connues ses populations, par rapport aux autres, à un ou plusieurs moments de l'histoire de l'humanité.

Ainsi, quoi qu'en disent les tenants des hypothèses multirégionales et Out of Africa, régulièrement relayés par la presse, elles ne sont pas davantage démontrées l'une que l'autre. La troisième hypothèse, nommée « hybridation/remplacement », ou « hypothèse réticulée », et proposée dans les années quatre-vingt-dix par Günter Bräuer, de l'université de Hamburg, pourrait mettre tout le monde d'accord. Par rapport aux deux autres, elle est longtemps apparue comme une « hypothèse moyenne », très théorique. Elle admet en effet l'apparition en un seul lieu des hommes anatomiquement modernes, mais elle stipule des croisements répétés entre ces premiers hommes modernes et d'autres espèces du genre *Homo*, notamment en Extrême-Orient. Elle explique notamment les données des ADN à transmission monoparentale et suggère comment certains éléments morphologiques auraient persisté en Asie.

MIGRATIONS À RÉPÉTITION

C'est dans ce cadre qu'Alan Templeton, de l'université Washington de Saint Louis, dans le Missouri, a récemment réanalysé plusieurs études génétiques publiées précédemment. Réalisant pour la première fois une synthèse d'une telle ampleur, il a repris les données issues d'études très diverses portant sur l'ADN de populations actuelles. Certaines concernaient plus de 1 500 sujets, d'autres seulement 35 ; elles concernaient des populations d'Europe, d'Asie et d'Afrique ; certaines portaient sur l'ADN mitochondrial, d'autres sur des régions du chromosome Y, une sur le chromosome X, une autre sur une chaîne de l'hémoglobine et, enfin cinq autres sur des régions de l'ADN nucléaire représentant environ 13 % du génome total.

Utilisant une méthode récente d'analyse des données génétiques, et un logiciel spécifique, il a recherché les origines dans le temps de la variation humaine, et il a testé l'adéquation entre la distribution géographique observée et les classifications obtenues pour chaque portion d'ADN. Conclusion : la structure génétique de l'humanité actuelle porterait les traces de plusieurs expansions démographiques, ainsi que celle de mélanges avec des populations déjà présentes dans les différentes parties du monde.

Selon lui, notre diversité génétique actuelle peut être expliquée par des échanges génétiques continus depuis au moins 600 000 ans entre les populations d'Afrique, d'Asie et d'Europe. Il propose même, mais sans le démontrer formellement, que ces échanges aient commencé bien avant, il y a 1,8 million d'années. Ces échanges génétiques auraient en outre été amplifiés par plusieurs épisodes de grandes expansions démographiques depuis l'Afrique : il y a environ 1,8 million d'années, il y a 400 000 à 500 000 ans et il y a 100 000 à 200 000 ans. D'après les données de l'ADN mitochondrial et du chromosome Y, il y aurait bien eu une expansion de populations africaines entre 150 000 et 80 000 ans, comme le stipule l'hypothèse Out of Africa, mais elle a amené des échanges avec les autres populations, pas leur remplacement.

Ces conclusions sont étayées par un nombre croissant de données génétiques. Elles permettent d'expliquer à la fois ces données et les données paléontologiques, en soulignant que les échanges génétiques entre populations, facilités par des pulsions démographiques d'origine notamment africaine ou proche-orientale, auraient été le moteur principal de l'émergence de l'homme moderne. Sur le plan purement taxinomique, cette hypothèse implique que l'espèce *Homo sapiens* serait très ancienne : aucune barrière stricte d'espèces, empêchant la reproduction, ne se serait mise en place depuis au moins 600 000 ans, voire 1,8 million d'années.

E. C. et J. B.

II
COMPRENDRE LES MÉCANISMES DE L'ÉVOLUTION

ANALOGIES AVEC LE CHIMPANZÉ

NOTRE GÉNOME DE… CHIMPANZÉ

Bertrand JORDAN

Pressentie depuis trente ans, la proximité génétique de l'homme et du chimpanzé est sortie renforcée du séquençage des génomes entiers. Comment expliquer alors les fortes dissemblances morphologiques entre l'homme et le chimpanzé ? Au vu des résultats actuels, des mutations de quelques gènes déterminants ou des changements globaux de l'activité de certains autres (particulièrement dans le cerveau) sont autant de mécanismes possibles.

Le 11 avril 1975, un article publié dans la revue *Science* par Mary-Claire King, jeune chercheuse à l'université de Berkeley aux États-Unis, et Allan Wilson, professeur de biochimie à la même université et spécialiste de l'évolution moléculaire, suggère l'impensable. Les protéines de l'homme et du chimpanzé seraient quasiment identiques ! Les protéines, et donc vraisemblablement les gènes…

Replaçons-nous dans le contexte de l'époque. On ne savait pas séquencer l'ADN (les premières méthodes seront publiées en 1977), et les éventuelles similitudes entre brins d'ADN d'origine humaine ou simiesque ne pouvaient être qu'estimées, par le biais d'imprécises études d'appariement* entre ces brins. Aussi les biologistes choisissaient-ils souvent de travailler non sur les gènes mais sur leurs produits, les protéines. Toutefois, le séquençage de ces dernières, qui venait d'être inventé, restait long et difficile. Par conséquent, la comparaison entre protéines s'effectuait le plus souvent par des approches indirectes, par exemple en comparant les poids moléculaires des protéines, ou en utilisant des anticorps spécifiques de protéines humaines pour repérer les protéines homologues du singe. C'est grâce à de telles méthodes que Mary-Claire King et Allan Wilson dévoilèrent le chiffre suivant : les protéines qu'ils avaient étudiées étaient à 99 % identiques dans les deux espèces.

L'étonnement des deux biologistes devant ces résultats est évident : les mots de *« paradoxe »*, de *« résultat intrigant »* reviennent avec insistance. Leurs données sont présentées avec prudence et, souvent, au conditionnel : on sent clairement qu'ils ont eux-mêmes du mal à y croire – ou du moins craignent de heurter leurs collègues. Pour expliquer la dissemblance physiologique et morphologique entre homme et chimpanzé en dépit de cette proximité moléculaire, Mary-Claire King propose que cette dissemblance provienne pour l'essentiel de modifications dans la régulation de l'expression des gènes. La transcription d'un même gène en ARN serait plus importante (ou, selon le gène, plus faible) chez l'homme que chez le singe. Il suffirait, dit-elle alors, de changements dans quelques systèmes de régulation pour modifier profondément la morphologie des deux espèces.

PROJETS GÉNOMES

Cette hypothèse semblait séduisante, mais elle était à l'époque indémontrable par manque de moyens techniques. Par ailleurs, l'estimation de la proximité génétique, très partielle et indirecte, restait à confirmer.

La révolution du génie génétique, qui débutait au milieu des années soixante-dix, a en quelques années changé la donne en rendant les gènes accessibles à une étude directe. Dès la fin de cette décennie, on a commencé à isoler et à séquencer les gènes bactériens, animaux et humains. La progression rapide des techniques a rendu possible le « Projet génome humain », qui a abouti en 2003 à la séquence de notre génome – avec celui de nombreuses espèces, de la levure à la souris, en passant par le nématode et la drosophile. Tous ces travaux ont mis en évidence la ressemblance étonnante entre des gènes de fonction analogue chez l'homme, la drosophile et même la bactérie, et ont amené à réviser de nombreux schémas de filiation entre espèces.

L'ADN du chimpanzé n'était pas oublié dans toute cette activité : dès 2000, des voix s'élevaient pour réclamer que l'on envisage son séquençage. C'est chose faite depuis décembre 2003, tout au moins au niveau de ce que l'on appelle la séquence « brouillon »*, et plusieurs équipes sont d'ores et déjà en train de passer de l'examen comparatif ponctuel de tel ou tel gène (ou de plusieurs d'entre eux) à une analyse comparative de l'ensemble des deux génomes. Pour l'essentiel, l'image du génome du chimpanzé esquissée par Mary-Claire King s'est vérifiée ces dernières années. Dans l'ensemble, son organisation et le positionnement des gènes sont très similaires à ceux du génome humain, même s'il comporte vingt-quatre paires de chromosomes au lieu de nos vingt-trois. La comparaison informatique des deux séquences d'ADN révèle qu'elles sont identiques sur au moins 95 % de leur longueur de 3 milliards de paires de bases : autrement dit, 95 nucléotides* sur 100 sont les mêmes. Les 5 % de différence correspondent en majorité à des insertions de fragments d'ADN ou, inversement, à des délétions qui se sont produites après que les deux lignages se sont séparés.

Rappelons que dans ces deux génomes, seuls 2 à 4 % de l'ADN correspondent aux séquences codantes (c'est-à-dire transcrites en ARN) et aux séquences régulatrices associées. Le reste (c'est-à-dire la plus grande partie) correspond, soit à des séquences non codantes insérées dans les gènes (les introns), soit à des séquences non codantes situées entre les gènes. Les séquences codantes sont en général conservées à plus de 99 %, mais les autres régions du génome ne se distinguent guère plus puisque la différence moyenne, lorsque l'on fait abstraction des insertions et délétions, n'est que de 1,2 %. Au total, la conclusion qui résulte des données actuelles est étonnamment voisine de celle proposée en 1975 : deux génomes très proches, bien plus proches que ne le laisserait imaginer l'apparence des deux espèces. En outre, la suggestion de Mary-Claire King selon laquelle la régulation de ces gènes serait la clé de nos différences demeure également valable.

Aussi de nombreuses équipes se sont-elles orientées dans cette direction, en mettant à profit l'une des innovations techniques les plus importantes de ces dernières années en biologie : les « puces à ADN ». Celles-ci sont constituées d'un support de verre, de plastique ou de silicium sur lequel sont fixés des milliers de segments d'ADN différents (les « sondes »). Ces sondes étant chacune complémentaire d'un gène différent, chaque puce permet de mesurer l'activité de milliers de gènes dans un prélèvement biologique donné.

Compte tenu de la quasi-identité entre les gènes de l'homme et ceux du chimpanzé, une puce conçue pour l'une des espèces est utilisable pour l'autre – bien qu'un léger biais demeure. Plusieurs travaux récents ont mis à profit cette similitude pour comparer l'expression des gènes dans différents organes, en accordant une attention particulière au cerveau : c'est en effet l'organe dont le fonctionnement doit *a priori* être le plus caractéristique de chacune des deux espèces.

CHANGEMENTS DE RÉGULATION

Dans une étude dont les résultats ont été publiés en avril 2002, une équipe menée par Svante Pääbo, de l'institut Max-

Planck à Leipzig (cf. p. 125), s'est ainsi attachée à comparer le profil d'expression de 12 000 gènes (sur les 30 000 à 40 000 que compte le génome) dans le cerveau, le foie et les globules blancs de l'homme, du chimpanzé et du macaque rhésus. Par profil d'expression, les chercheurs entendaient ici un panorama des gènes exprimés ou non exprimés, sans analyser plus avant l'ampleur de ces variations. L'un des résultats les plus frappants est que la différence entre homme et chimpanzé est beaucoup plus marquée dans le cerveau que dans le foie ou les globules blancs. Dans ces deux derniers tissus, les profils d'expression des gènes de l'homme et du chimpanzé sont plus proches l'un de l'autre qu'ils ne le sont du profil du macaque ; en revanche, dans le cerveau, l'homme se distingue nettement des deux autres primates. À ce stade, l'hypothèse de départ (des changements de régulation plus importants dans le cerveau que dans les autres organes) semble donc vérifiée. L'analyse ultérieure des données quantitatives détaillées obtenues lors de ce travail, et laissées de côté dans un premier temps, devrait permettre de l'explorer plus à fond.

Des changements de régulation, certes, mais lesquels ? En novembre 2003, le groupe de Carrolee Barlow, au Salk Institute de La Jolla, aux États-Unis, a apporté quelques éléments d'information à cet égard. Les biologistes américains ont comparé 10 000 gènes du cortex cérébral de l'homme, du chimpanzé et du macaque. Après avoir relevé qu'une centaine d'entre eux étaient exprimés de façon différente entre homme et chimpanzé, ils ont remarqué que, pour la quasi-totalité, la différence consistait en une surexpression chez l'homme. La nature des gènes concernés par cette surexpression amenait les auteurs à proposer que le cerveau humain soit caractérisé par une activité cérébrale particulièrement élevée.

Sans infirmer cette conclusion, une étude dirigée par Morris Goodman, de la Wayne State University, à Detroit aux États-Unis, l'a récemment nuancée. L'objet des investigations était cette fois une zone du cortex particulièrement impliquée dans la cognition, le cortex cingulaire antérieur. Résultat : sur les 30 000 gènes étudiés, tant le chimpanzé que l'homme présentent, par rapport au gorille et au macaque, une surexpression de gènes impliqués dans le métabolisme énergétique aérobie et dans l'activité neuronale. Toutefois, cette surexpression est plus marquée chez l'homme que chez le chimpanzé.

Quelles que soient les nuances qui ne manqueront pas d'être apportées, selon les régions cérébrales considérées, il semble donc bien que la régulation de l'expression des gènes fonctionne de manière distincte chez l'homme et le chimpanzé, et particulièrement dans le cerveau. Restera à interpréter ces résultats. La tâche sera rien moins qu'aisée : comme le font remarquer nombre de spécialistes, même si la comparaison entre séquences d'ADN met en évidence des différences propres à notre génome, comment voir si certaines sont responsables des caractéristiques humaines ? Un grand nombre d'entre elles ont statistiquement de grandes chances d'être neutres…

GÈNES CRITIQUES

Ce problème de la possible « neutralité » des changements observés existe tout autant pour les équipes qui s'intéressent non plus à la régulation des gènes mais aux gènes eux-mêmes. L'une d'elles, coordonnée par Michele Cargill, de l'entreprise américaine Celera Diagnostics, a récemment proposé – et mis en œuvre – une méthode d'évaluation systématique ayant des chances de faire valoir les changements non neutres. Sur 7 600 gènes communs à l'homme, à la souris et au chimpanzé, son équipe a d'abord repéré ceux qui ont davantage muté (probablement sous l'effet des pressions de sélection) que ne le prévoit le taux de mutations standard de chaque espèce. Puis elle a étudié ceux pour lesquels la plus grande partie des mutations a eu lieu après la séparation des lignées de l'homme et du chimpanzé. Cette approche évolutionniste a dévoilé des classes bien précises de gènes ayant spécifiquement évolué chez le chimpanzé d'une part (par exemple des gènes impliqués dans la structure du squelette) et chez l'homme d'autre part (certains des gènes impliqués dans l'odorat). D'une façon ou d'une autre, ces gènes contribuent donc à la spécificité respective des deux primates.

En raison des difficultés de l'approche globale des génomes, plusieurs scientifiques font par ailleurs appel à une approche complémentaire. Ils étudient des gènes dont ils pensent, *a priori*, qu'ils auraient joué un rôle critique dans la séparation entre les deux espèces. Par exemple, des gènes impliqués dans des fonctions neuronales ou cognitives. L'un des meilleurs candidats à cet égard est FoxP2, identifié chez l'homme dans le cadre de recherches en génétique médicale par le groupe d'Anthony Monaco, à l'université d'Oxford, et dont les altérations entraînent divers troubles de l'articulation et du langage. La protéine codée par ce gène, longue de 715 acides aminés, semble impliquée dans la régulation du développement embryonnaire. Le groupe de Svante Pääbo a séquencé le gène correspondant chez différents primates ainsi que chez la souris. La comparaison entre ces séquences a montré que la protéine codée par chacune d'elles est très semblable chez tous ces mammifères : la version humaine ne présente que trois différences avec celle de la souris. Comme deux d'entre elles sont apparues après la séparation homme/chimpanzé, il est tentant de penser, comme le font les auteurs, qu'elles ont joué un rôle essentiel pour favoriser l'apparition du langage...

Diverses équipes ont proposé d'autres gènes qui pourraient être critiques. Par exemple, le gène qui code une enzyme nommée CMAH. Celle-ci ajoute un sucre particulier, l'acide sialique, à la surface des cellules. Or, chez les humains, une mutation dans son gène fait que la CMAH ne peut accomplir sa tâche, contrairement à ce qui se passe chez les autres primates. Publiée en septembre 2002, une étude coordonnée par Ajit Varki, de l'université de Californie, a montré que cette inactivation du gène a sans doute eu lieu peu avant que la taille du cerveau ne commence à croître chez les hominidés, il y a environ 2 millions d'années. Une « concordance des temps » qui amène les auteurs à suggérer, avec une prudence extrême, que la mutation du gène de la CMAH aurait joué un rôle dans cette croissance cérébrale.

Malgré l'importance des connaissances accumulées depuis quelques années, force est donc de constater que l'on en reste aux hypothèses quant à l'explication précise des dissemblances morphologiques entre l'homme et le chimpanzé. Les mécanismes invoqués (modifications ponctuelles de gènes critiques, perte de certains gènes, changements globaux des profils d'expression) sont tous plausibles, mais quelle est leur importance respective ? L'obtention d'une séquence « finie »* du génome du chimpanzé, en lieu et place de la séquence « brouillon » actuellement disponible, jouerait sûrement de ce point de vue un rôle très positif. Les résultats de la comparaison entre la séquence « haute qualité » du chromosome 22 du chimpanzé et celle de son homologue humain, le chromosome 21, vont d'ailleurs dans ce sens. Mais, paradoxalement, la proximité entre homme et chimpanzé complique l'identification des régions du génome les plus conservées – et donc les plus importantes : comment repérer ce qui est « le plus » conservé quand tout est « très » conservé ? Peut-être faudra-t-il donc se lancer dans l'obtention d'une séquence de référence pour un singe plus éloigné, gorille ou orang-outan, qui permettrait de progresser de ce point de vue.

B. J.

L'ENFANCE SI HUMAINE DU CHIMPANZÉ

Yves Sciama

Observez un jeune chimpanzé : n'a-t-il pas des allures presque humaines ? De là à proposer que l'homme ne soit qu'une sorte de chimpanzé juvénile, il n'y avait qu'un pas, franchi allègrement par nombre de paléontologues du XXe siècle.

Finalement, l'homme ne serait-il qu'un chimpanzé inachevé ? L'idée, énoncée explicitement pour la première fois en 1926 par l'anatomiste néerlandais Louis Bolk, n'en finit pas de hanter les débats consacrés aux origines de notre espèce. Avec sa théorie de la « *fœtalisation* », Bolk fit scandale dans le grand public : pour lui, l'homme pouvait être considéré comme «... *un fœtus de primate génériquement stabilisé* ». À peine un demi-siècle après que Darwin eut apparenté l'homme au singe, voilà qu'un biologiste remettait sur la place publique ce désagréable cousinage, en proposant un mécanisme explicatif, simple de surcroît !

Bolk avançait des arguments qui sont encore aujourd'hui acceptés par les anatomistes : le crâne du très jeune chimpanzé ressemble bien plus à un crâne d'humain que celui du chimpanzé adulte. Sa face est plate, et non pas projetée vers l'avant. Le crâne est quasi sphérique, tout comme le nôtre. Et la posture du jeune chimpanzé est plus proche de la bipédie que celle de l'adulte quadrupède ; une posture qui s'explique par la position basse du point d'entrée de la moelle épinière dans le crâne, position qui migre vers le haut lorsque le chimpanzé atteint l'âge de 18 mois.

Mais ces observations pertinentes furent noyées par Bolk – puis par ses continuateurs jusqu'aux années soixante – dans un pêle-mêle hétéroclite. Il invoquait, à l'appui de sa thèse, une bonne vingtaine de caractères dont il est aujourd'hui établi qu'ils n'ont rien de juvénile : notamment la pilosité, la structure des membres inférieurs, la taille des grandes lèvres du sexe féminin, la forme des oreilles, etc. D'où de longues et confuses controverses qui se poursuivirent dans une indifférence croissante. Celle-ci aurait sans doute fini par emporter la théorie de la fœtalisation si elle n'avait reçu en 1977 le soutien inespéré de Stephen Jay Gould, de l'université de Harvard, dans son ouvrage *Ontogeny and Phylogeny*.

L'ouvrage fit date : Gould y réhabilitait l'étude des étapes et du rythme du développement (autrement dit du chemin menant de l'embryon à l'adulte, *via* le fœtus puis les formes juvéniles) comme outil majeur de la compréhension des mécanismes évolutifs. Une démarche qui a donné naissance à une nouvelle discipline, en plein essor aujourd'hui, l'« évolution du développement », familièrement nommée *« évo-dévo »*.

En revanche, Gould semble bien s'être fourvoyé lorsqu'il a entrepris de raisonner sur l'homme, en reprenant à son compte une partie des errements de Bolk. Il est vrai que, comme le souligne Christine Berge, du laboratoire d'anatomie comparée du Muséum national d'histoire naturelle, *« dès que l'on touche à l'espèce humaine, les gens se mettent à avoir des convictions qui l'emportent sur le reste »*. Gould pensait, comme Bolk, que l'être humain est fondamentalement néoténique*, c'est-à-dire que toute son organisation, par rapport au singe, s'explique par la conservation à l'état adulte de caractères juvéniles.

Or, le travail des anatomistes depuis (même si certains ont des points de vue divergents) a montré que cela est seulement vrai pour les caractères crâniens, et encore pas tous. Ainsi l'os du nez ou le menton, particularités morphologiques humaines, n'apparaissent à aucun stade du développement des singes, et sont donc des acquisitions propres à *Homo sapiens*. Certes, ce sont là des caractères assez mineurs. Mais on ne peut pas en dire autant de l'appareil locomoteur humain, dont l'évolution a pourtant été précisément à l'inverse de la néoténie.

La comparaison des os du bassin chez les hommes, les australopithèques et les singes, menée par Christine Berge, montre en effet que le bassin de l'adulte, plat chez les singes, se creuse de plus en plus à mesure que l'on passe aux australopithèques, puis aux hommes primitifs, et enfin à *Homo sapiens*. Ensuite, lors de son développement, notre espèce passe par un stade « chimpanzé » du bassin (fœtus), puis par un stade « australopithèque » (naissance), puis par des formes de plus en plus humaines, celle définitive étant acquise vers 7 ou 8 ans. Enfin, la croissance des jambes s'est prolongée au cours de l'évolution, avec pour résultat un allongement chez l'homme des membres inférieurs.

Le passage du singe à l'homme ne résulte donc pas seulement d'un processus néoténique, mais de plusieurs changements contradictoires du rythme et des proportions du développement. Ce dernier tend à se ralentir en ce qui concerne le crâne, mais, à l'inverse, il s'accélère pour l'appareil locomoteur. Ces changements, qu'on nomme les hétérochronies, sont à présent très étudiés. Mais l'espoir d'y découvrir la clé de l'évolution est quelque peu retombé.

« Le problème avec les hétérochronies, commente Jean Chaline, de l'université de Dijon, qui fut l'un des premiers à les étudier en France, *c'est qu'elles ne constituent qu'une description des relations entre un ancêtre et un descendant. Et qu'en plus il faut raisonner caractère par caractère, et non pas globalement, comme on l'a fait trop souvent. Bien sûr, elles améliorent notre compréhension. Mais le grand secret des mécanismes de l'évolution se trouve dans la génétique. »*

Même son de cloche chez Armand Marie Leroi, spécialiste de l'évolution du développement à l'Imperial College de Londres : *« L'hypothèse néoténique est une vieille idée qui persiste et qui est sans doute en partie vraie. Mais l'avancée des connaissances l'a court-circuitée. Maintenant, c'est la biologie moléculaire sur laquelle on compte pour éclairer les changements évolutifs.* » Non pas qu'il soit devenu inutile de simplement décrire. Mais, à tort ou à raison, les généticiens ont le sentiment qu'ils seront bientôt capables d'expliquer par quelles mutations, situées sur quels chromosomes, se sont faites certaines évolutions importantes. Les regards se tournent vers eux.

Les biologistes moléculaires traquent à présent les gènes commandant le développement. Avec déjà quelques belles pièces à leur tableau de chasse, comme les gènes Homéobox par exemple, dits « architectes » car ils contrôlent, par leur expression successive, la construction de pans entiers des organismes. À l'image des fameux gènes *eyeless* et *smalleye*, très proches, qui régissent la construction de l'œil (celle-ci implique l'expression d'environ 2 500 autres gènes), respectivement chez la drosophile et la souris.

Mais la biologie moléculaire a-t-elle quelque chose à nous dire pour ce qui est de l'éventuelle origine néoténique de notre crâne ? *« Pour l'instant,* avoue Armand Marie Leroi, *on n'a pas identifié chez les mammifères de gènes donnant le type de néoténie qui nous intéresse ici. Mais s'il fallait chercher dans une direction, en ce qui me concerne je me pencherais sur les mutations associées au "syndrome de Robinow". »*

Le syndrome de Robinow (aussi appelé FFS, pour Fetal Face Syndrom) a été décrit en 1969. Il induit à la naissance, et jusqu'à l'âge adulte, des traits que Leroi qualifie de *« supernéoténiques »*, car ils correspondent à ceux d'un fœtus au huitième mois de grossesse : à savoir un nez court, des narines et des yeux très espacés, une bouche de forme triangulaire, une hypertrophie du crâne, etc. La piste peut sembler prometteuse. Toutefois, ce syndrome s'accompagne d'autres modifications (nanisme, malformations génitales, soudure des vertèbres, etc.) dont il est difficile d'imaginer comment elles s'intégreraient dans un scénario d'apparition de l'homme. D'autant qu'il ne s'agirait de toute façon que d'une explication partielle, puisque limitée au crâne.

Ainsi, même si la biologie moléculaire rencontre d'indéniables succès, nous ne disposons toujours pas, pour ce qui concerne l'émergence de l'homme, d'un scénario aussi simple et global que celui offert par la théorie néoténique. Il n'y a sans doute pas à chercher plus loin d'explication à son impressionnante longévité.

Y. S.

UNE MAGISTRALE OUVERTURE VERS L'ÉTHOLOGIE COGNITIVE

Marie-Laure THÉODULE

Au début du XXe siècle, la psychologue russe Nadezdha Ladygina-Khots effectue un remarquable travail de comparaison des comportements entre Roody, son propre fils, et Joni, un jeune chimpanzé. Chez l'un comme chez l'autre, les expressions faciales traduisent des états émotionnels.

C'est sous le titre *Le Chimpanzé juvénile et l'enfant* qu'une psychologue russe, Nadezdha Ladyna-Khots (1889-1963), publie en 1935 l'un des premiers ouvrages scientifiques au monde comparant le comportement du jeune chimpanzé à celui du petit humain. On y découvre des photos saisissantes mettant en parallèle les expressions et les attitudes du chimpanzé Joni avec ceux du propre fils de la scientifique, Roody.

Aujourd'hui l'éthologie est une discipline reconnue. Mais au début du XXe siècle, elle balbutie. La pensée occidentale est alors imprégnée de béhaviorisme. On croit que seul l'homme est doué d'intelligence ; les animaux sont considérés comme des robots dénués d'émotions. Si, côté anatomie, les paléontologues s'autorisent des comparaisons, allant même jusqu'à la thèse néoténiste* qui assimile l'homme à un chimpanzé juvénile, côté psychologie, on préfère éviter tout rapprochement.

Avec le recul, les travaux de Kohts n'en apparaissent donc que plus novateurs. « Le relatif isolement de Khots a eu ses avantages. Elle a pu appliquer avant la lettre une technique de base de l'éthologie : la description minutieuse de tous les comportements observés », souligne le primatologue américain Frans de Waal. Il a supervisé l'édition de son ouvrage en anglais, paru en 2002 seulement, soit soixante-sept ans après la version russe. Et de Waal reconnaît que, si les travaux de Kohts ne sont pas totalement tombés dans l'oubli, on le doit sans doute à un autre grand pionnier du comportement des primates, contemporain de la chercheuse, l'Américain Robert Yerkes.

En 1907, le mari de Khots fonda le musée Darwin de Moscou. Six ans plus tard, la jeune femme, encore étudiante, inaugura le laboratoire de psychologie du musée en se lançant dans l'étude du comportement d'un tout jeune chimpanzé qu'elle venait d'acquérir, Joni. D'où provenait-il ? Quel était son âge ? Nul ne le savait avec précision. Et encore moins, le commerçant qui le lui avait vendu, car on n'accordait pas, alors, une grande importance à ce genre de détails.

Avec l'aide de Yerkes, Khots calculera par la suite que Joni devait avoir un an et demi, tout au plus. Elle va passer deux ans et demi à observer et à noter son comportement dans les moindres détails, jusqu'à ce qu'il décède d'une pneumonie en 1916. Puis, elle répétera ce travail d'observation du comportement avec son fils Roody, pendant quatre ans de sa naissance en 1915 jusqu'en 1929.

Elle commencera alors à rédiger son travail scientifique de comparaison, dans lequel elle décrit, avec une minutie étonnante pour l'époque, les expressions, les vocalisations, les aptitudes, les jeux mais aussi les émotions du chimpanzé et de l'enfant au cours de leur développement. Pour de Waal, ce sont ces travaux sur les expressions faciales du chimpanzé qui restent les plus impressionnants : « Khots parvient à nous convaincre que, chez le chimpanzé aussi, la face semble refléter l'âme. ». Elle est l'une des premières à montrer que les expressions du chimpanzé comme celles de l'enfant, traduisent des états émotionnels.

Cependant le travail de Khots présente un biais important qu'elle ne pouvait soupçonner. Joni n'avait pas un comportement normal. Il était déprimé parce qu'on l'avait séparé trop jeune de sa mère. On sait seulement depuis les années soixante, grâce aux travaux de terrain de Jane Goodall, que les chimpanzés sauvages, en Afrique, ne peuvent survivre si leur mère décède avant qu'ils aient atteint l'âge de trois ans, même si d'autres adultes tentent de s'occuper d'eux. Il ne faut donc pas laisser un jeune chimpanzé tout seul. Or Joni a passé beaucoup de temps en solitaire enfermé dans un grand enclos. Bien qu'ayant senti et décrit sa détresse, Khots ne pouvait l'interpréter. Cela peut expliquer que certains comportements qu'elles décrit semblent bien étranges pour un chimpanzé élevé en captivité : Joni refusait de porter des vêtements ; il était très jaloux et ne voulait pas partager sa nourriture, même avec Khots, ou utiliser une cuillère et une fourchette pour manger.

Selon Alan et Beatrix Gardner, couple connu pour avoir réussi à apprendre le langage des signes à leurs chimpanzés, c'est probablement parce qu'il était déprimé ! Ce biais n'enlève rien au fait que le travail de Khots a magistralement ouvert la voie de l'éthologie cognitive. Elle a même soulevé, dans la conclusion de son étude, une question qui n'a toujours pas été résolue : pourquoi le jeune chimpanzé, alors qu'il montre les rudiments des capacités motrices et intellectuelles humaines, n'essaie-t-il pas, à l'instar de l'enfant, de les développer.

M.-L. T.

LES CHIMPANZÉS ET NOUS

Entretien avec Frans DE WAAL

Où passe la frontière qui sépare nature et culture ? L'étude du comportement social des grands singes conduit à relativiser cette question. Sans pour autant nous obliger à retomber dans les excès de la sociobiologie ou, aujourd'hui, de la psychologie évolutionniste.

La Recherche : Comme vous l'avez montré dans votre premier livre, les chimpanzés éprouvent, pour la politique, une véritable passion. Ils y consacrent une bonne part de leur temps. Est-ce que cette passion, qui est plus grande chez eux que chez les autres singes, pourrait avoir joué un rôle dans la naissance du langage chez les premiers hominidés, leurs lointains cousins ?

Frans de Waal : La question des origines du langage est très complexe. Ce que nous montre le comportement des chimpanzés et des humains, c'est que les uns et les autres sont capables de maîtriser une syntaxe sociale, apparente dans certaines structures hiérarchiques telles que la structure « si… alors… ». Par exemple : « Si mon meilleur ami se trouve près de moi, alors je peux vous attaquer ; s'il n'est pas là, il vaut mieux que je sois prudent ». Cette capacité à appréhender des aspects contingents de la vie sociale révèle une sorte de structure arborescente du comportement, qu'on retrouve également dans l'aptitude à utiliser des outils. Faire usage d'outils, pour le chimpanzé, revient à se dire : « Si j'ai une noix, je dois d'abord la placer sur une pierre-enclume avant de la frapper avec une pierre-marteau. J'ai besoin d'utiliser les bons outils dans le bon ordre, si je veux casser la noix ». Nous avons bien là des structures comportementales qui ont pu fournir un modèle pour les premières syntaxes linguistiques. Mais le langage proprement dit n'est apparu que plus tard, beaucoup plus tard en tout cas que les activités politiques. A mon avis, les premiers énoncés linguistiques ont dû avoir pour but de communiquer des informations sur des choses distantes dans l'espace ou le temps, du type :

« Il y a de la nourriture de l'autre côté de la colline ». De tels énoncés sont utiles à la survie, comme il peut être utile de discuter de ses ennemis avec ses amis. C'est de situations simples de ce genre qu'à pu naître le besoin du langage, conduisant à des contenus informationnels toujours plus complexes.

Les chimpanzés n'ont donc pas de langage à proprement parler ?

Ils n'en ont pas. J'ai des collègues qui affirment que les chimpanzés sont susceptibles d'apprendre un langage, mais il s'agit là d'une tout autre affaire. Cela étant, les chimpanzés sont cependant capables, jusqu'à un certain point, de se communiquer des informations concernant des objets éloignés dans l'espace ou le temps. Il existe en effet un nombre croissant d'observations tendant à établir que les chimpanzés comprennent la façon dont les humains montrent du doigt, et sont eux-mêmes capables de désigner, par différents moyens, des objets que leur interlocuteur n'est pas en état de percevoir. J'ai écrit récemment un article sur ce sujet. Et ce n'est pas seulement dans les laboratoires que les grands singes le font, mais aussi dans la nature. Un chercheur espagnol, Jordi Sabater-Pi, a observé un bonobo* mâle qui, ayant détecté non loin de lui la présence d'êtres humains invisibles, s'est mis à pousser des cris en direction de ses compagnons, tout en leur montrant du geste la direction dans laquelle se trouvaient les humains. Cette capacité communicative n'est pas encore du langage, bien sûr, mais elle constitue bien une étape en direction du langage.

Est-elle propre aux grands singes ?

Tout dépend comment on la définit. Les abeilles sont parfaitement capables de se communiquer des informations sur des objets éloignés dans l'espace et le temps, et certains oiseaux aussi. Il s'agit toutefois, à ce stade, d'une capacité qui n'est pas nécessairement basée sur une pleine compréhension des conséquences. Ce que font les grands singes quand ils montrent quelque chose (et cela a été prouvé en laboratoire), semble en revanche délibéré, et procède de la compréhension du fait que tout le monde ne possède pas les mêmes informations. En même temps qu'ils montrent des choses, les grands singes vérifient que leur interlocuteur est bien en train de les regarder : en psychologie de l'enfant, ce comportement caractérise une émission intentionnelle de signaux. Ce qui est sûr, c'est que chez l'homme l'aptitude en question s'est développée à un degré exceptionnellement élevé.

Entre abeilles et oiseaux d'un côté, et hommes de l'autre, quelle serait donc, en matière de communication, la spécificité des grands singes ?

C'est une question sur laquelle il y a, en ce moment, beaucoup de discussions contradictoires parmi les spécialistes. Je dirais, avec prudence, que les grands singes ont quelque chose de spécial. Peut-être s'agit-il (comme dans le cas du geste consistant à attirer l'attention de l'interlocuteur sur un objet que celui-ci ne voit pas) d'une aptitude particulière à adopter, jusqu'à un certain point, la perspective de l'autre, à prendre en compte le fait que celui-ci peut, dans un contexte donné, ne pas posséder telle ou telle information. Cette aptitude à prendre en compte le point de vue de l'autre est aussi décelable dans les actes de sympathie et d'empathie dont sont capables les grands singes, lorsqu'ils répondent aux désirs et aux besoins des autres d'une manière qu'on n'observe pas chez le reste des animaux.

Mais l'aptitude en question, si elle existe, ne serait-elle pas contradictoire avec l'idée darwinienne selon laquelle la vie dans la nature se réduirait à une impitoyable compétition ?

Ecoutez, je suis tout à fait opposé à cette idée, et je ne crois même pas que c'était l'idée de Darwin. D'accord, Darwin a parlé de « combat pour la vie », mais il a bien précisé que c'était une métaphore, qu'il ne fallait pas trop la prendre au pied de la lettre, et que, dans la nature, on rencontrait aussi de nombreuses formes de coopération. Il était capable de voir plus loin que la compétition. Kropotkine* également. Je crois que tous les problèmes que nous avons, sur ce point, nous viennent de Thomas Henry Huxley*. Ce n'est pas Darwin, c'est lui qui, en croyant défendre Darwin, a dit que la nature était le théâtre d'un combat perpétuel, dominé par le seul égoïsme : conception erronée, à mon sens, même si elle est encore partagée par certains chercheurs.

Erronée, vous êtes sûr ?

Quand j'ai commencé à étudier les chimpanzés, aux Pays-Bas dans les années 1970, j'ai été frappé par le grand rôle joué, dans leur vie, par ce que nous appelions les processus de réconciliation : en gros, après s'être battus entre eux, il n'est pas rare que deux chimpanzés courent l'un vers l'autre, s'étreignent, s'embrassent (d'une façon qui n'est pas exactement la même que chez les hommes, mais le principe est le même) et se fassent mutuellement la toilette, de manière à apaiser les tensions qui existaient auparavant entre eux. Au début, j'ai cru qu'il ne s'agissait que d'un intéressant mécanisme psychologique, d'une sorte de trait sympathique propre à la société chimpanzée, sans plus. Et puis, un jour, au zoo d'Arnhem où je travaillais, nous avons eu un meurtre : deux chimpanzés en ont tué un troisième. Pour moi, cet événement a été très important : parce que, en plus de la perte d'un individu et de la peine que celle-ci m'a causée, il m'a permis de comprendre que le processus de réconciliation, bien loin de n'être qu'un trait anecdotique ou sympathique, constituait une dimension essentielle à la survie de la société chimpanzée. C'est à partir de là que j'ai décidé, au début des années 1980, de l'étudier plus en détail.

Le résultat, vingt ans après ?

Aujourd'hui, on peut dire que des centaines de chercheurs ont étudié les mécanismes de rétablissement de la paix chez une bonne trentaine d'espèces, pas seulement chez les primates. Pourquoi et comment de tels mécanismes fonctionnent-ils ? Il y a à ce sujet plusieurs théories. La meilleure d'entre elles repose sur l'hypothèse de la « relation gratifiante » : la réconciliation se produit surtout entre deux animaux qui auraient beaucoup à perdre d'une détérioration de leurs relations. Des animaux qui coopèrent déjà, ou qui ont besoin l'un de l'autre, ou qui sont proches l'un de l'autre (comme une mère et sa progéniture) ont d'excellentes raisons de surmonter le conflit. On ne cherche pas la paix pour l'amour de la paix, mais dans le but de préserver une relation enrichissante. Depuis les années 1970, par conséquent, notre façon de penser a changé.

Nous ne croyons plus que les relations entre animaux se réduisent au modèle simple : deux combattants s'efforcent chacun de gagner, mais un seul peut le faire, et quand l'un gagne, l'autre perd. Beaucoup plus complexe, notre nouvelle façon de concevoir la résolution des conflits consisterait plutôt à dire : deux individus vivant dans le même groupe ont habituellement de nombreux intérêts communs. Il se peut, par exemple, que chacun dépende de l'aide que lui apporte l'autre. Dans ce cas, l'un peut gagner et l'autre perdre, mais les deux perdront si leur relation se détériore définitivement. Il s'agit là, si vous voulez, d'un jeu à somme non nulle.

Donc, pour résumer, qu'est-ce qui est le plus important dans les sociétés animales : la compétition ou la coopération ?

Les primates ne vivraient pas en groupe, comme ils le font, si la coopération ne leur apportait une formidable plus-value du côté de la survie individuelle. Il faut bien voir que la vie en groupe a un coût élevé : vivre avec des individus qui veulent la même nourriture que vous ou qui sont attirés par les mêmes partenaires sexuels, c'est vivre avec des concurrents permanents. Si vous choisissez de le faire, c'est donc parce que vous y trouvez un formidable bénéfice, qu'il s'agisse de mieux vous défendre vous-même ou votre part de nourriture. Vous ne pouvez plus quitter le groupe. Vous devenez dépendant de lui. Si vous quittiez le groupe pour mener, seul, une vie errante, vous ne tarderiez pas à périr. Le résultat, c'est que vous êtes obligé d'arriver, même avec vos plus gros concurrents à l'intérieur du groupe, à une sorte de coexistence pacifique.

Votre vision des sociétés primates ne rejoint-elle pas, par son optimisme, la description que Rousseau donnait, il y a deux siècles, des « bons sauvages » ?

Mais pas du tout ! Rousseau, qui n'était pas lui-même un modèle de sociabilité, voyait le bon sauvage comme un individu autosuffisant, vivant sa vie dans un relatif isolement, sans liens sociaux avec les autres. Sa conception des premières sociétés pourrait même être regardée comme une variante de celle de Hobbes, pour qui l'homme n'était qu'un loup pour l'homme (ce qui, remarquons-le au passage, n'était pas juste pour les loups, espèce très coopérative). Rousseau partageait, sous une forme affaiblie, la même vue asociale de l'humanité. Pour le biologiste, l'idée selon laquelle les hommes, isolés au départ, auraient fini par passer entre eux un contrat de vie commune afin de mieux s'organiser, est une idée totalement ridicule. Les schémas de Rousseau et de Hobbes sont simplistes. La vérité est autre : nous ne sommes que les derniers héritiers d'une très longue lignée d'animaux intensément sociables, dépendant les uns des autres et nouant entre eux toutes sortes de liens. Est-ce la coopération ou bien la compétition qui a dominé la vie de ces animaux ? Les deux à la fois. Ces animaux étaient en concurrence les uns avec les autres, mais en même temps ils avaient besoin les uns des autres. C'est ce qui rend si complexe, et si intéressante, l'étude de la dynamique sociale.

La dynamique en question est-elle propre aux sociétés de primates ?

On la retrouverait sans peine à d'autres niveaux. Au niveau biologique, par exemple, elle s'applique aux relations qu'entretiennent entre elles les cellules à l'intérieur d'un organisme multicellulaire : la survie de ce dernier est toujours le résultat d'un compromis entre des tendances égoïstes et des tendances coopératives, si l'on peut dire, au niveau des cellules. Dans un autre domaine, la communauté internationale tend de plus en plus à fonctionner de la même manière : voyez comment les États membres de l'Union européenne ont renoncé à se faire la guerre entre eux à partir du moment où ils ont noué des liens économiques enrichissants, qui ont rendu tout conflit onéreux.

Les Traités de Rome et de Maastricht iraient-ils donc dans le sens de l'évolution biologique ?

Je n'ai pas dit cela. Je veux seulement dire que l'Union européenne relève du même genre de fonctionnement que bien d'autres ensembles composés d'éléments à la fois concurrents et coopératifs. Cela me fait d'ailleurs penser à un livre récent d'un anthropologue, Christopher Boehm, qui explique de la façon suivante l'émergence de l'égalité, fondement de la démocratie : des tendances à la domination sont présentes à l'intérieur de toutes les sociétés de primates, humains compris, mais ces derniers ont inventé des mécanismes pour contrer les tendances en question – des « mécanismes de nivellement » (« leveling mechanisms ») qui permettent, lorsque certains membres du groupe deviennent trop puissants, de les faire rentrer dans le rang. N'est-ce pas exactement ce que nous faisons dans nos démocraties : donner du pouvoir à certains individus, et leur dire en même temps : « attention ! Si vous faites des choses qui ne nous plaisent pas, ou si vous abusez de votre pouvoir, nous vous le retirerons pour le donner à quelqu'un d'autre » ? Du reste, Boehm emprunte pas mal d'exemples aux chimpanzés, ce qui n'est pas étonnant, puisque les sociétés de chimpanzés témoignent, par rapport aux autres primates, d'une tendance particulière à former des coalitions à la base, de manière à limiter le pouvoir des individus dominants – et que nos démocraties modernes ne font rien d'autre que développer, en la sophistiquant, la tendance en question.

Les grands spécialistes du comportement animal qui, avant vous, ont insisté sur le rôle de la coopération, tels Kropotkine ou Trivers, avaient en général des a priori politiques marqués : Kropotkine était un anarchiste, et Trivers un « libéral » au sens américain du terme, un homme de gauche. Des idées politiques du même ordre ne pourraient-elles avoir influencé vos propres recherches ?*

A mon avis, si mes recherches sont influencées par quelque chose, c'est moins par mes idées politiques que par le fait que je viens d'un petit pays, les Pays-Bas, où, pour toutes sortes de raisons historiques, démographiques et géographiques, on a toujours placé l'accent sur les vertus du consensus et les charmes de la paix. Quand vous appartenez à un État-tampon, coincé entre trois grandes puissances (la France, l'Angleterre et l'Allemagne) qui n'ont jamais cessé de se faire la guerre, votre intérêt, si vous voulez survivre, est de développer une culture de la coexistence pacifique. En plus, mon pays connaît l'une des plus fortes densités de population au monde, ce qui contribue également à susciter une culture du « vivre et laissez vivre ». C'est cette leçon de l'histoire hollandaise qui m'a sans doute le plus marqué.

Comment résumeriez-vous la thèse de votre livre, The Ape and The Sushi Master *?*

La transmission culturelle, c'est-à-dire la transmission de connaissances et de pratiques par des moyens non génétiques, n'est pas propre à l'espèce humaine, mais s'observe aussi chez certains animaux : telle est la thèse principale de ce livre. Mais j'y aborde également la question de savoir à quel point la culture occidentale a façonné notre manière de regarder les animaux, et cette dernière, notre manière de nous regarder nous-mêmes. Mon idée maîtresse, c'est que la théorie selon laquelle nature et culture seraient deux choses radicalement opposées, théorie chère à Thomas Henry Huxley mais aussi à Freud et à Lévi-Strauss, est totalement dépourvue de fondement. Même si l'homme est un être culturel, il n'a jamais abandonné sa nature, et ne pourra jamais l'abandonner. Quant à la tendance à construire une culture, elle existe déjà chez les animaux. En d'autres termes, il y a de la nature et il y a de la culture, et nous avons un pied dans chacune des deux, comme beaucoup d'autres animaux d'ailleurs.

Culture et nature se trouveraient-elles donc dans une sorte de continuité ?

Je ne parlerais pas de continuité, car les processus culturels méritent un statut spécial. Ce que je dis, c'est qu'il est faux de prétendre : « les animaux sont des êtres naturels, et l'homme un être culturel », parce que les animaux sont, jusqu'à un certain point, des êtres culturels, et que nous n'avons jamais perdu tout lien avec la nature. Je tends à brouiller la frontière, voilà tout.

Brouiller les frontières semble être, en effet, une de vos spécialités, à tel point que le lecteur se demande parfois de quel champ scientifique relèvent vos travaux : éthologie, sociobiologie, écologie du comportement ou bien psychologie évolutionniste ?

Par la formation que j'ai reçue aux Pays-Bas, je suis un éthologue européen au sens le plus classique du terme, dans la lignée de Konrad Lorenz et Niko Tinbergen. Lorsque, au début des années 1970, la sociobiologie a commencé à devenir à la mode, beaucoup d'éthologues dans mon genre ont trouvé qu'il n'y avait là rien de très nouveau, car nous avions déjà l'habitude de penser le comportement social des animaux en termes d'adaptation et de sélection naturelle.

Du reste, je ne me suis jamais considéré moi-même comme un sociobiologiste : je trouve que la plupart des sociobiologistes ont abouti à des vues trop simplistes, trop réductionnistes – même si j'accepte l'idée de base d'où procédaient leurs travaux. Lorsque leur chef de file, E. O. Wilson, a commencé à être sérieusement attaqué, surtout en Europe, certains chercheurs ont tenté de continuer à faire de la sociobiologie sous un nom différent : écologie du comportement, d'abord, et, plus récemment, psychologie évolutionniste. Mais je n'approuve toujours pas la tendance de ces chercheurs à sauter trop rapidement des gènes au comportement comme s'il n'y avait pas, entre les deux, beaucoup d'autres facteurs impliqués.

Un exemple, pour finir, de ces errements que vous dénoncez ?

S'il me fallait choisir un exemple, je donnerais celui du livre de Thornhill et Palmer sur le viol. Ce livre prétend montrer que l'homme est naturellement porté au viol, parce que dans certaines circonstances le viol peut se révéler utile à la reproduction de l'homme qui le commet – ce qui est le critère décisif aux yeux de la biologie évolutionniste. Il est à la fois simpliste et dangereux d'aller dans une telle direction. Ce que ces théories échouent à expliquer, par exemple, c'est pourquoi seule une petite minorité d'hommes viole : la grande majorité serait-elle donc en train de suivre une mauvaise stratégie ? N'est-il pas vraisemblable, d'autre part, que dans les petites communautés que composaient nos ancêtres le viol était sévèrement puni par les pères, les frères ou les maris des victimes, réduisant ainsi de beaucoup les chances que le violeur avait de se reproduire ? En d'autres termes, on ne peut pas expliquer un comportement en le séparant de son contexte culturel au sens le plus large. Voilà, en tout cas, un exemple récent du genre de simplification auquel se livrent certains sociobiologistes ; et il y en a, bien sûr, beaucoup d'autres qui sont plus anciens. D'un autre côté, même si les sciences sociales résistent encore (notamment en France) à la perspective évolutionniste, je suis convaincu que sans cette perspective il est impossible de rendre compte de l'espèce humaine. Je parie donc que dans cinquante ans le portrait de Darwin sera accroché dans tous les départements de psychologie et de sociologie ! Ce dont nous avons besoin, c'est d'une approche mieux intégrée : les explications évolutionnistes doivent être recoupées par d'autres types d'approches tout aussi légitimes.

Propos recueillis et traduits de l'américain
par Christian Delacampagne,
professeur à Johns Hopkins University (Baltimore).

ORIGINE DE L'HOMME, TERMITES ET CHIMPANZÉS. LES PREMIERS HOMMES ÉTAIENT-ILS INSECTIVORES ?

Frédéric JOULIAN

Quelques vestiges de pierre ou d'os : c'est bien souvent tout ce qui reste des activités des hominidés anciens. Les archéologues tentent de reconstituer ces activités par des comparaisons avec des comportements humains actuels. Toutefois, l'observation des chimpanzés offre aussi quelques champs de recherche.

Comment les premiers hominidés se nourrissaient-ils ? Quels comportements alimentaires ont accompagné, voire favorisé, l'hominisation ? Francesco d'Errico, du CNRS à Bordeaux, et Lucinda Backwell, de l'université de Witwatersrand à Johannesburg, ont apporté un élément substantiel à ce débat. Sur la base d'un travail de technologie expérimentale extrêmement détaillé, ils ont interprété un ensemble de pièces osseuses de 1,5 million d'années environ, provenant du site de Swartkrans, en Afrique du Sud, comme des instruments ayant servi à perforer les termitières afin d'en extraire les insectes.

F. d'Errico et L. Backwell ont comparé les traces d'usure présentes sur des éclats et sur des chevilles osseuses archéologiques de 13 à 19 centimètres de long à celles qu'ils ont obtenues expérimentalement sur des objets actuels. Ils ont examiné deux types d'utilisation de ces outils : le fouissage des tubercules dans le sol, fonction proposée en 1993 par C. Brain, du muséum du Transvaal, et P. Shipman, de l'université de Pennsylvanie, et la perforation des termitières, comportement extrêmement bien documenté pour les chimpanzés *Pan troglodytes*. Les microtraces d'usure provoquées par la perforation et le fouissage des termitières possèdent des caractéristiques morphologiques et métriques (dans leurs orientations et leurs largeurs) qui recouvrent à l'identique celles des outils fossiles.

MODÈLES PRIMATES

Ce type d'expérimentation est pratiqué depuis une trentaine d'années par les archéozoologues mais le travail de F. d'Errico et de L. Backwell est décisif par la précision de leur méthode, l'exigence de leur démonstration et, surtout, leur utilisation d'un modèle non humain d'activité pour des préhumains. Les éthologues sollicitaient depuis plusieurs années déjà les archéologues et les paléoanthropologues sur la question des régimes alimentaires. Il convient aujourd'hui de prendre en considération la variabilité et la flexibilité alimentaire de certains primates et de ne plus aborder cette question en termes d'opposition tranchée, carnivores humains d'un côté et végétariens primates d'un autre. D'autant plus que les chimpanzés, en plus d'être frugivores, chassent de façon régulière des vertébrés (quasi quotidiennement dans certaines populations) et consomment de façon importante différentes espèces d'insectes (fourmis, termites, larves d'abeille, etc.). En outre, on peut interroger le lien communément fait entre chasse et apparition d'outils tranchants. La quête des invertébrés encastrés s'effectue en effet à l'aide d'outils, dont plus de 20 types différents ont été observés à ce jour chez les chimpanzés, tandis que les conduites de chasse n'appellent aucun instrument.

Le travail expérimental de F. d'Errico et de L. Backwell apporte ainsi le second exemple d'analogie entre outils d'hominidé ancien et de primate actuel. J'avais décrit le premier à partir d'une étude étho-archéologique* des outils servant au cassage des noix par les chimpanzés d'Afrique de l'Ouest et dont certains sont identiques aux enclumes et pierres à cupules utilisées par les hominidés du site Pléistocène inférieur d'Olduvai. Mais si les comportements des chimpanzés actuels montrent leur efficacité pour éclairer les fonctions et fonctionnements de certains outils anciens, l'usage d'analogies doit être parfaitement contrôlé.

Devons-nous ou pouvons-nous nous fonder sur la proximité génétique ou sur la systématique pour justifier des rapprochements de comportements techniques, alors que l'on sait la grande variabilité intraspécifique de certains traits ? Assurément pas, et dans le cas qui nous intéresse, les travaux d'éthologie de terrain montrent qu'il existe des variations traditionnelles dans les outils de cassage des noix comme dans ceux de pêche aux termites ou autres. Certaines communautés de chimpanzés d'Afrique centrale perforent les termitières avec des bâtons et ramassent les termites à la main ou à l'aide de baguettes effilochées (des brosses), alors que les chimpanzés d'Afrique de l'Ouest (Sénégal, Côte-d'Ivoire) ou d'Afrique de l'Est usent de baguettes ou de sondes flexibles, ces dernières n'étant utilisables qu'en saison des pluies lorsque les tunnels des termitières sont ouverts. Les outils en os des hominidés anciens ont pu servir « d'ouvre-boîte » et non de « fourchette », mais, si elle existait, cette dernière pourrait être végétale. Les comportements alimentaires extrêmement subtils et variants que nous observons relèvent davantage de modèles sociaux et de traditions que des contraintes environnementales et des cadres spécifiques dans lesquels ils prennent place. En définitive, évolution des comportements et phylogénies biologiques méritent plus que jamais d'être manipulées ou rapprochées avec précaution !

OUTIL ET COMPORTEMENT

Ce travail d'archéologie expérimentale intervient enfin à un moment où nous sommes un certain nombre d'éthologues et d'archéologues à montrer que les comportements des premiers hominidés ne sont pas qualitativement différents de ceux des grands singes, et que les modèles construits sur l'observation des chasseurs-cueilleurs modernes sont peu adéquats pour les expliquer. Aujourd'hui, il convient de se demander non plus seulement : « *A quoi sert cet outil vieux de 2 millions d'années ?* », *mais aussi « quelles sont ses significations, tant adaptatives que sociales, au sein d'un groupe d'Australopithèques, sachant que leurs capacités cérébrales, physiques ou langagières étaient extrêmement différentes des nôtres ?* »

Comment procéder ? Faut-il préférer les primates aux *sapiens* ? Sans doute pas de façon systématique. Mais les primates permettent d'ouvrir de nouveaux champs de possibles, de montrer les limites de l'interprétation archéologique et de faire tomber bon nombre de nos présupposés quant à l'originalité sociale ou cognitive de l'homme. Voilà qui est déjà salutaire pour l'archéologie et la paléoanthropologie, coincées entre conceptions philosophiques de l'homme et travaux empiriques trop spécialisés.

L'article de F. d'Errico et de L. Backwell a été présenté comme un scoop dont toute la presse internationale s'est fait l'écho. On ne peut que se réjouir de voir les travaux archéologiques recevoir enfin des traitements comparables à ceux que la grande presse scientifique et d'information réserve d'habitude à la paléoanthropologie.

La différence de traitement est en effet inexplicable. Pourquoi accorder plus d'intérêt à un fossile humain, qu'à un outil ou à un comportement ? Y aurait-il plus de contenus, de sens, dans un nouvel os d'hominidé (toujours plus ancien que le plus ancien, bien évidemment !) que dans l'interprétation nouvelle d'un artefact, d'un mode de vie, ou la démonstration de traits humains chez des primates ? Seule une recherche écervelée ou trop attachée au sensationnel pourrait le croire. Il n'en demeure pas moins que la fascination pour les origines (que cela soit des crânes ou des outils) est bien réelle et doit être questionnée de façon critique. Il importe, me semble-t-il, de montrer que ce qui fait l'originalité et la force d'une recherche, ce ne sont pas forcément les « découvertes » mais bien plutôt les nouvelles relations, interprétations que l'on construit sur un objet, quel qu'il soit, même dans le secteur des origines de l'homme !

F. J.

L'ÉCLAIRAGE NOUVEAU DE LA GÉNÉTIQUE

ESPÈCES D'HYBRIDES

Trenton HOLLIDAY

L'arbre est-il vraiment la métaphore appropriée pour décrire les relations entre les membres de notre famille ? Selon Trenton Holliday, ce devrait être plutôt plusieurs arbres dont les branches des uns seraient connectés au tronc des autres. Car l'hybridation (mécanisme pourtant réputé pour ne pas produire de descendance fertile) aurait été à l'œuvre dans l'évolution humaine. Et ces croisements entre diverses espèces ont pu engendrer d'autres hybrides, viables et fertiles comme différentes traces fossiles le suggèrent fortement.

En 1997, feuilletant la littérature scientifique, Richard Mayden, de l'université du Kansas, répertoria vingt-deux concepts d'espèces différents. Une valeur qu'il pense aujourd'hui sous-estimée. Ainsi, quand deux biologistes étudient une même famille d'organismes vivants, l'un peut y déceler des centaines d'espèces, alors que l'autre n'en reconnaît que quelques-unes. Les paléoanthropologues, qui ne travaillent pas sur des espèces vivantes mais éteintes, ont encore plus de difficultés pour distinguer les unes des autres.

Aujourd'hui, le tableau est simple : tous les peuples de tous les pays sont membres d'une seule espèce, *Homo sapiens.* Jusqu'aux années soixante-dix, de nombreux chercheurs pensaient que cela avait toujours été le cas. Leur analyse s'appuyait sur le principe d'exclusion selon lequel, si deux espèces occupent la même niche écologique, l'une des deux s'éteint, modifie son comportement ou quitte la région pour stopper la compétition. Puisque la niche adaptative humaine était la culture, il ne pouvait y avoir eu qu'une seule espèce humaine en même temps. Si c'était le cas, toutes les espèces d'hominidés reconnues n'étaient que différentes étapes d'une seule lignée d'évolution. Ce point de vue fut contredit quand, en 1976, Richard Leakey des Musées nationaux du Kenya, et Alan Walker, aujourd'hui à l'université américaine de Pennsylanie, annoncèrent que *Australopithecus boisei* et *Homo erectus*, deux espèces d'hominidés, vivaient côte à côte dans l'Est africain.

Notre arbre généalogique est donc au moins broussailleux puisqu'il possède plus d'une branche. Mais combien ? Chaque paléoanthropologue a sa réponse selon le camp auquel il appartient. Il peut être l'un des « *lumpers* » (regroupeurs) qui rassemblent en une même espèce de nombreux fossiles présentant des variations morphologiques importantes ; ou l'un des « *splitters* » (éclateurs), selon qui, puisqu'il y a souvent peu de différences morphologiques entre des espèces vivantes, toute différence notable entre deux fossiles indique qu'ils doivent être classés en deux espèces différentes. Avec la découverte de nombreux taxons* de la famille humaine, incluant de nouveaux genres comme *Ardipithecus* (1995), *Kenyanthropus* (2001), *Orrorin* (2001) et *Sahelanthropus* (2002), ces dernières années ont vu la montée des éclateurs. Il n'est cependant pas évident de savoir combien de ces taxons résisteront à l'épreuve du temps.

LA SPÉCIATION EN DÉBAT

Mais la question encore plus critique concerne la structure de l'arbre généalogique humain. Tout compte fait, l'arbre est-il vraiment la métaphore appropriée pour décrire les relations entre les membres de notre famille ? Chaque branche d'un arbre, après tout, est issue d'un tronc et crée sa propre identité. Or, en évolution humaine, les branches, c'est-à-dire les espèces, de l'arbre pourraient bien être interconnectées. Les espèces d'hominidés pourraient ainsi s'être hybridées.

Qu'est-ce que cela signifie ? Pour approfondir cette question, il nous faut commencer par le travail du biologiste allemand Willi Hennig. C'est le père du cladisme*, qui est aujourd'hui la manière prédominante de classer les espèces selon des relations évolutionnistes hiérarchiques. W. Hennig s'intéressa beaucoup à la spéciation, le processus par lequel deux ou plusieurs nouvelles espèces sœurs divergent de leur espèce ancestrale. Il remarqua que l'échange génétique et les relations entre individus qui en résultent forment une sorte de réseau, qu'il nomma « tokogénétique » (du grec *tokos*, progéniture). Après la spéciation, les échanges génétiques à la frontière des espèces s'arrêtent au bout d'un certain temps. Contrairement à celles entre des individus d'une même espèce, les relations entre différentes espèces, dites phylogénétiques, ne sont pas en réseau mais suivent des lignées plus linéaires.

Cette incapacité de croisement de différentes espèces n'est pas l'idée du seul Hennig. C'est aussi la doctrine qui est énoncée par le biologiste Ernst Mayr dans son *Concept des espèces biologiques*, sans doute le plus connu des vingt-deux concepts que je citais plus haut. Pour E. Mayr, les espèces sont des groupes formés d'organismes qui se croisent mais qui ont une reproduction isolée de tout autre groupe. Leurs accouplements ne dépassent donc pas, en général, la frontière d'espèces. Quand c'est le cas, soit ils n'engendrent pas de progéniture viable, soit les descendants sont stériles.

Or, aujourd'hui, on ne peut pas toujours assimiler la divergence phylogénétique à l'arrêt des échanges génétiques entre espèces. Par exemple, le transfert latéral de gènes occasionné par un virus est théoriquement possible, car tôt dans l'histoire des eucaryotes*, le transfert latéral de gènes procaryotes vers des eucaryotes s'est apparemment produit. Mais ce type de transferts de gènes n'est pas susceptible d'avoir un effet sur la structure de l'arbre de l'évolution humaine. L'impact doit être en revanche important lors d'une hybridation interespèces, c'est-à-dire quand l'accouplement se produit hors de la frontière d'espèces. C'est un fait avéré dans la formation de nouvelles espèces végétales. Quelques scientifiques ont récemment suggéré que c'était aussi le cas pour les espèces animales. Parmi les exemples d'hybridation connus chez les mammifères nord-américains, on peut citer les loups *(Canis lupus)* avec les coyotes *(Canis latrans)*, ou le cerf à queue noire *(Odocoileus hemionus)* avec le cerf de Virginie *(Odocoileus virginianus)*. En Europe, les lièvres communs *(Lepus europaeus)* se croisent librement avec les lièvres variables *(L. timidus)* et, en Afrique, les babouins gelada *(Theropithecus gelada)* et ceux de savane *(genus Papio)* s'accouplent avec succès : leurs descendants sont viables et fertiles.

LA PISTE DES BABOUINS

Dans chaque cas, les deux espèces impliquées sont génétiquement, morphologiquement, écologiquement et comportementalement distinctes. Elles devraient être considérées comme espèces différentes selon la plupart des concepts. Pour Alan Templeton, généticien de l'université Washington à Saint Louis, de tels groupes interféconds d'espèces proches doivent être classés comme des taxons de niveau supérieur, dits « syngameons ». Était-ce le cas quand plusieurs espèces d'hominidés existaient ?

Évidemment, il est impossible de tester l'isolement reproductif des fossiles, mais, comme les chimpanzés modernes et les humains partagent plus de 98 % de leurs gènes, les hominidés fossiles représentent un groupe d'animaux génétiquement très proches (cf. l'article de Bertrand Jordan, p. 83).

Cette similarité génétique seule ne peut pourtant pas signifier que le croisement est viable. Le primatologue Clifford Jolly, de l'université de New York, a remarqué que, au moins pour les primates, la stérilité dépend du temps écoulé depuis la divergence phylogénétique. Par exemple, les « rheboins », hybrides de babouins *Papio* et de macaques *Macaca*, ne sont pas fertiles. Or, ces deux taxons ont divergé il y a 10 millions d'années. Au contraire, les hybrides d'un croisement entre les babouins *Theropithecus* et *Papio* sont viables et fertiles. Mais ces genres sont proches, n'ayant divergé qu'il y a 4,5 millions d'années. Enfin, la divergence de moultes espèces interfertiles (ou sous-espèces) du genre *Papio* ne s'est produite qu'il y a 1,7 million d'années.

En comparaison, le genre *Australopithecus* apparaît il y a 4,2 millions d'années, tandis que le genre *Homo* au sens strict (en excluant *Homo habilis* et *Homo rudolfensis* qui s'apparentent aux australopithèques) est daté d'environ 2 à 1,8 million d'années. Suivant C. Jolly et son analogie entre ces singes et les humains, on pourrait suspecter que les tout derniers hominidés du genre *Homo* aient été interfertiles !

Reste à savoir quels exemples d'espèces d'hominidés interféconds nous possédons. L'hypothèse la plus connue d'une hybridation possible est celle d'un croisement entre *Homo sapiens* (les humains modernes) et *Homo neanderthalensis* (l'homme de Neandertal). Ce dernier a vécu dans l'isolement relatif d'une Europe glaciaire pendant le Pleistocène moyen (entre 700 000 et 250 000 ans), et se répandit bien plus tard vers le Moyen-Orient, il y a peut-être moins de 74 000 ans. Or, *Homo neanderthalensis* et *Homo sapiens* partagent un certain nombre de caractères communs. Ce sont donc des taxons apparentés, même si la plupart des paléoanthropologues considèrent que *Homo neanderthalensis* doit être assez distinct d'*Homo sapiens* (spécialement du point de vue craniofacial) pour garantir que ce sont deux espèces séparées.

D'après les fouilles archéologiques, les deux espèces ont vécu au même moment et dans des aires géographiques proches. Ainsi, les restes d'humains modernes primitifs découverts récemment en Roumanie dans la grotte Oase (« os » en roumain) datent de 34 000 ans, alors que les derniers néandertaliens connus (en Espagne et en Croatie) sont âgés de 29 000 ans. La récente analyse de l'ADN mitochondrial* de neuf néandertaliens et cinq hommes modernes primitifs, effectuée par le généticien David Serre et ses collègues du Max Planck Institut für Evolutionäre Anthropologie de Leipzig, en Allemagne, montre que les néandertaliens s'éteignirent alors que peu ou aucun de leurs gènes n'étaient passés chez les hommes modernes. Mais ces données, bien qu'intéressantes, manquent de précision. La preuve n'est pas concluante, d'autant plus que les auteurs concèdent qu'ils ne peuvent exclure la possibilité qu'un peu moins de 25 % des gènes d'un homme moderne sont d'origine néandertalienne.

LE CAS DE NÉANDERTAL

Restent les fossiles. Y a-t-il des preuves tangibles d'hybridation dans les ossements ? Le sujet est controversé, car il est difficile d'en trouver des traces. Ces dernières années, Erik Trinkaus, professeur à l'université de Pennsylvanie, a répondu par l'affirmative au vu de squelettes retrouvés au Portugal et en Roumanie. Deux des trois individus anatomiquement modernes découverts dans la grotte Oase possèdent de très grandes molaires, plus grandes encore parfois que celles de n'importe quel autre *Homo*, y compris les néandertaliens. Le troisième individu (Oase 3), connu seulement par son os temporal, présente une bosse à côté de l'os mastoïde, un caractère longtemps considéré comme néandertalien. Une autre découverte citée par

E. Trinkaus est un squelette âgé de 24 500 ans qui a été trouvé en décembre 1998 à Lagar Velho, au Portugal. Ce squelette d'un enfant de 4 ans est clairement moderne dans sa morphologie puisqu'il a un menton proéminent. Il possède pourtant, selon E. Trinkaus, une série de caractéristiques suggérant quelques ascendants néandertaliens : une fosse sus-iniaque (petite dépression située derrière le crâne, un caractère unique aux néandertaliens dont la fonction n'est pas connue), mais aussi une bosse à côté de l'os mastoïde, une incisive latérale supérieure en forme de pelle et des proportions de membres ressemblant aux néandertaliens. E. Trinkaus insiste sur le fait qu'aucun de ces spécimens n'est un hybride de première génération. Ils sont tous, selon lui, des représentants de groupes descendant de populations d'hommes modernes qui se sont hybridées quelques générations auparavant avec des néandertaliens locaux. Bien sûr, cette interprétation est controversée.

Les paléontologues Ian Tattersall, du Muséum d'histoire naturelle de New York, et Jeffrey Schwartz, de l'université de Pittsburgh, par exemple, réfutent cette idée : si de tels mélanges de caractères d'hommes modernes et d'hommes de Neandertal indiquent vraiment une hybridation, ce serait le fait d'une première ou d'une seconde génération, et non une assimilation, sur plusieurs générations, de gènes néandertaliens. Selon eux, les générations d'hybrides suivantes tendent à ressembler à une population ou à l'autre, mais pas aux deux, à cause de l'introgression, la dispersion des gènes en dehors d'une zone hybride. À l'appui, ils citent les loups et les coyotes ou les cerfs de Virginie, et les cerfs à queue noire, pour lesquels les individus d'une espèce possèdent le génome mitochondrial de l'autre. Cependant, bien qu'on s'attende qu'un gène transmis à une population hybride disparaisse après plusieurs générations par une dérive génétique, certains pourraient se fixer au hasard. De plus, et c'est le plus important, les quelques caractères néandertaliens qui donnent un avantage adaptatif pourraient avoir perduré parmi les générations hybrides suivantes et, théoriquement, exister encore aujourd'hui. Par exemple, il est possible que la dépigmentation de la peau des Européens modernes soit d'abord apparue chez les néandertaliens, pour ensuite passer chez les hommes modernes par croisement.

AUSTRALOPITHÈQUES ROBUSTES

Certains diraient que, si deux espèces se croisent et produisent des hybrides, mais néanmoins continuent d'avoir leur propre identité pendant un millénaire, leur croisement est insignifiant du point de vue de l'évolution. Ils ont tort pour trois raisons. La première est qu'un caractère adaptatif comme la couleur de la peau mentionnée ci-dessus peut passer d'une espèce à l'autre. La deuxième, selon le généticien Nick Barton de l'université d'Édimbourg, est que, résultats de combinaisons uniques de gènes, des génotypes favorables peuvent apparaître dans les zones hybrides, et que lesdites combinaisons peuvent se retrouver chez les populations premières, même quand leurs hybrides montrent une fertilité réduite.

Enfin, la troisième raison est que, dans de rares cas, l'hybridation peut conduire à l'émergence de nouvelles espèces à travers le processus de spéciation secondaire. Cette forme de spéciation est fréquente chez les plantes, mais son rôle a traditionnellement été minimisé chez les animaux. Quand la plupart des gens parlent de spéciation, ils se réfèrent à une spéciation primaire, dans laquelle une espèce parente donne naissance à deux ou plusieurs espèces filles. Dans une spéciation secondaire, deux espèces parentes produisent une population hybride devenant à la fin une nouvelle espèce. C'était le cas au sud-est des États-Unis où, jusqu'aux années soixante-dix, quand ils disparurent, les canidés sauvages étaient les loups rouges *(Canis rufus)*. L'ADN mitochondrial de la fourrure de ces animaux tués avant 1930 montre la nature hybride de l'espèce. Quelques loups rouges avaient de l'ADN mitochondrial « coyote », et d'autres de loup *(Canis lupus)*. Cependant, aucune des fourrures ne présenta uniquement des séquences d'ADN mitochondrial du loup rouge, mais toujours un mélange des deux. Ainsi, *Canis rufus* est une espèce hybride qui vécut dans une zone écologique séparée de celle de ses cousins : les coyotes vivent plus à l'ouest, les loups plus au nord.

J'ai évoqué récemment un exemple possible de spéciation secondaire chez les fossiles d'hominidés. Il fait intervenir l'espèce est-africaine *Australopithecus (« Paranthropus ») boisei* et l'espèce sud-africaine *Australopithecus (« P. ») robustus*. Bien qu'elles aient été trouvées loin l'une de l'autre, la distance entre les sites abritant les deux espèces a fortement diminué avec la découverte de *boisei* au Malawi. De plus, ces deux espèces vivaient à la même époque. Elles présentent des traits proches : leurs prémolaires et leurs molaires sont énormes (même si elles sont encore plus grandes chez *boisei* que chez *robustus*) ; le squelette de leurs mâchoires présente des modifications semblables, comme des os de la joue massifs, une arête sagittale très haute et des mâchoires extrêmement larges ; en les comparant aux plus vieilles espèces d'australopithèques, elles montrent de plus grandes capacités crâniennes, un prognatisme subnasal moins fort et une base du crâne plus petite. Pour la plupart des chercheurs, ces ressemblances indiquent que ces espèces sont sœurs.

Mais de quelle espèce sont-elles issues elles-mêmes ? La question fait débat. Certains pensent qu'elles dérivent toutes deux de l'espèce sud-africaine *africanus*, d'autres pensent qu'elles proviennent de l'espèce est-africaine *aethiopicus* ou d'une espèce proche, d'autres encore postulant une lignée de l'espèce est-africaine *afarensis* vers *aethiopicus*, puis *boisei*, tandis que la lignée *africanus* aboutit à *robustus*.

Je propose une autre possibilité : *robustus* est un taxon hybride qui est apparu à travers un événement de spéciation secondaire entre *africanus* et *boisei*. Mais cette interprétation n'est valable que si *africanus* est contemporain de *boisei*, ce qui nécessite une datation plus tardive d'*africanus* que celle habituellement retenue. Or, des chercheurs d'Afrique du Sud viennent de réévaluer la datation du site de Sterkfontein, et donc d'*africanus*, à moins de 2,1 millions d'années. Ces nouvelles données prouveraient qu'*africanus* et *boisei* sont bien des taxons de la même époque. La possible hybridation de ces deux espèces dans des zones de recouvrement écologique pourrait ainsi expliquer la persistance de caractères d'*africanus* chez *robustus*.

Étant donné les étroites relations génétiques entre hominidés, l'hybridation entre espèces de la tribu humaine peut donc avoir été la règle plutôt que l'exception. Elle pourrait même être le moteur de notre évolution. Mais, si c'est le cas, l'existence aujourd'hui d'une seule espèce empêcherait une hybridation supplémentaire. L'unicité d'*Homo sapiens* sonne-t-elle le glas de notre processus évolutif ?

T. H.

« NOUS CONTINUONS D'ÉVOLUER »

Entretien avec Svante PÄÄBO

*L'ADN est devenu le principal matériel d'investigation pour comprendre le cheminement de la lignée humaine. Il permet non seulement de clarifier l'histoire d'*Homo sapiens, *mais encore d'identifier les principales modifications génétiques qui font sa singularité. Il renseigne aussi sur ce qui se passe en nous aujourd'hui.*

LA RECHERCHE : Vous datez de 4 à 6 millions d'années la séparation entre la lignée conduisant à l'homme et celle conduisant aux chimpanzés. Comment interprétez-vous Toumaï, qui pourrait dater de 7 millions d'années, et Orrorin, placé à 6 millions ?

Svante Pääbo : La date de divergence est mal connue. La fourchette va-t-elle de 4 à 6 millions d'années, ou de 4 à 7, nous ne savons pas vraiment. En tout état de cause, il n'est pas du tout certain qu'à cette époque une seule lignée ait développé la bipédie. Celle-ci a pu apparaître dans plusieurs lignées aujourd'hui éteintes. Je ne suis pas un expert en fossiles, mais certains paléontologues sont de cet avis. Nous ne savons pas laquelle de ces lignées est notre lignée ancestrale.

Pensez-vous que nous serons un jour en mesure d'étudier directement l'ADN de fossiles aussi anciens ?

Svante Pääbo : Non, je ne le pense pas. Les processus de dégradation, hydrolytiques et oxydatifs, placent une limite à la stabilité de l'ADN. Nous parvenons pour l'instant à remonter jusqu'à 100 000 ou 200 000 ans. Peut-être pourrons-nous faire mieux, mais je ne crois pas que nous puissions aller au-delà de 500 000 ans.

Pour illustrer certaines de vos publications, vous tracez un arbre représentant les divergences successives entre les lignées de grands primates. Pourquoi placez-vous l'homme entre le gorille et le chimpanzé, et non sur la dernière branche de l'arbre ?

Svante Pääbo : Je fais passer un message discret. Nous nous voyons plus évolués que les grands singes et considérons ceux-ci comme nos ancêtres. Il est vrai que ces derniers étaient probablement plus semblables aux chimpanzés qu'à l'homme moderne, mais nous ne devons pas oublier que les grands singes ont aussi évolué pendant 4 à 6 millions d'années depuis notre ancêtre commun, et ont donc changé eux aussi. L'homme moderne n'est qu'un des représentants de cette famille.

N'admettez-vous pas que l'homme est plus évolué, plus complexe ?

Svante Pääbo : Il est clair que notre culture, par exemple, est plus complexe que celle des grands singes et change plus rapidement. Mais si j'étais un chimpanzé, je me dirais peut-être qu'à certains égards les humains sont moins complexes. Il est très difficile de s'extraire mentalement de son espèce pour la regarder avec objectivité. Nous mettons l'accent sur des traits qui nous paraissent importants, comme le langage. Si j'étais un chimpanzé, je mettrais peut-être l'accent sur d'autres éléments, les interactions sociales au sein du groupe, notamment.

Iriez-vous jusqu'à dire, comme le font certains, que les chimpanzés devraient être intégrés dans le genre Homo ?

Svante Pääbo : Cela ne me gênerait pas, mais je pense que ce genre de déclaration n'a pas grand sens. Ce n'est pas mon combat.

Il est plus intéressant, à mes yeux, de chercher à identifier les divergences génétiques entre le chimpanzé et l'homme, en quoi nous différons et en quoi nous nous ressemblons.

Dans un article récent, vous écrivez : « La datation des divergences moléculaires comporte des incertitudes d'ampleur inconnue. » Quelles sont ces incertitudes, et quelles en sont les conséquences ?

Svante Pääbo : La principale incertitude concerne le rythme d'accumulation des mutations dans un fragment d'ADN. Nous pouvons observer les différences entre une séquence chez l'homme et la même séquence chez le chimpanzé, mais pour connaître la vitesse à laquelle ces différences se sont accumulées, il nous faut calibrer ces données moléculaires à l'aide d'autres données. Nous devons notamment faire appel aux paléontologues. Or, les dates de divergence qu'ils proposent sont très incertaines. Nous manquons, par exemple, de fossiles permettant d'identifier notre dernier ancêtre commun. Les dates absolues (4 ou 6 millions d'années) ne sont pas fiables. Ce qui est fiable, ce sont les dates relatives. Pour un morceau d'ADN donné, si je dis que la divergence entre un Neandertal et un homme moderne est d'environ un dixième de ce qu'elle est entre un homme moderne et un chimpanzé, je dispose d'un rapport fiable qui ne sera pas remis en question à l'avenir. Ce sont les datations absolues qui pourront changer.

Nous savons que les séquences d'ADN humain diffèrent en moyenne de 1,2 % de celles du chimpanzé, ce qui semble peu. Mais ce 1,2 % représente environ 40 millions de différences entre nucléotides, ce qui semble beaucoup. Alors, est-ce peu ou beaucoup ?

Svante Pääbo : Tout dépend du point de vue. Si 1,2 % paraît peu, c'est que l'on s'attendait à plus. Il y a beaucoup d'espèces qui connaissent plus de différences en leur sein qu'il n'y en a entre l'homme et le chimpanzé. Mais ce petit 1,2 % peut signifier beaucoup, surtout si l'on ajoute aux 40 millions de mutations ponctuelles les divers réarrangements, duplications et délétions que l'on constate.

Pensez-vous que nous serons un jour en mesure d'identifier les modifications génétiques qui jouèrent un rôle décisif dans l'acquisition des caractères proprement humains ? Quels sont les obstacles ?

Svante Pääbo : Je pense qu'un jour nous comprendrons l'essentiel. Il faudra cependant beaucoup de temps, car la plupart de ces modifications ne sont pas le fait d'un gène mais de l'action combinée de plusieurs gènes. Les caractères proprement humains sont pour l'essentiel multigéniques. Prenez le langage : cette faculté dépend de toute une série de gènes qui interviennent dans les capacités motrices, l'audition, divers processus cérébraux. Un autre obstacle est l'impossibilité d'expérimenter sur le chimpanzé ou l'homme pour tester directement la fonction de tel ou tel gène. Or, nous n'avons pas de modèle animal puisque, par définition, les traits que nous voulons analyser sont spécifiquement humains. Si l'on transfère un gène qui nous paraît intéressant dans une lignée de souris, par exemple, quelle pourrait être la signification des traits nouveaux que l'on pourrait éventuellement observer ?

Une mutation a été trouvée dans un gène de la myosine, qui a pu, en réduisant la musculature de la mâchoire, faciliter le développement du cerveau voici 2 millions d'années ou un peu plus. Comment l'interprétez-vous ?

Svante Pääbo : Il est clair que cette mutation a pu jouer un rôle dans la réduction des muscles de la mâchoire. Ce qui est moins clair, c'est de savoir si cette réduction a vraiment permis au cerveau de grossir. Ce sera très difficile à prouver. On peut en dire autant du gène FoxP2, impliqué dans des dysfonctionnements de la parole et du langage, dont nous avons découvert qu'il diffère de la version présente chez les chimpanzés et a été fortement sélectionné lors de l'évolution humaine récente, au cours des 200 000 dernières années. Nous sommes tentés de penser que cette sélection avait un rapport avec le langage, mais cela reste une hypothèse.

La faible ampleur des différences génétiques entre le chimpanzé et l'homme permet–elle de penser que les caractères propres de ce dernier paraîtront finalement davantage liés au mode d'expression des gènes qu'à des différences repérables au niveau de l'ADN codant ?

Svante Pääbo : C'est une vieille hypothèse. Mais je pense que les deux facteurs sont aussi importants l'un que l'autre. Voici quatre ou cinq ans, nous avons entrepris avec une certaine naïveté d'identifier les gènes impliqués dans le fonctionnement du cerveau qui distinguent l'homme du chimpanzé. Nous avons été surpris de découvrir l'ampleur des différences : 10 % des gènes diffèrent de manière significative. Mais nous avons réalisé en même temps que la plupart de ces différences sont probablement sans conséquence fonctionnelle. Reste à déterminer celles qui jouent un rôle. Mais il est bien difficile de prévoir si les différences entre les gènes codant des protéines se révéleront plus ou moins décisives que les différences d'expression des gènes.

Concentrons-nous maintenant sur Homo sapiens. *Votre collègue américain Henry Harpending, de l'université de l'Utah, pense que 80 % de notre génome est affecté de façon significative par celui d'humains archaïques non africains. Ce point de vue semble contredire le vôtre, selon lequel l'essentiel de notre génome a une origine africaine. Est-ce réellement le cas ?*

Svante Pääbo : Henry Harpending ne conteste pas que l'homme moderne est apparu en Afrique voici environ 100 000 ans ou un peu plus. La question est de savoir ce qui s'est passé après. À cet égard, l'analyse de la plus grande partie de notre génome donne des résultats ambigus. Mais certaines parties du génome sont transmises sans recombinaison et sont moins ambiguës.

C'est le cas de l'ADN mitochondrial, transmis seulement par la mère. Or nous venons, avec David Serre, de montrer que l'ADN mitochondrial des néandertaliens ne se retrouve pas dans celui des quelques premiers hommes modernes que nous avons pu analyser. Nos calculs montrent qu'en tout état de cause la contribution génétique des néandertaliens aux premiers Européens ne peut excéder 25 %.

Que pensez-vous de l'hypothèse « Women on the move », d'après laquelle au cours de l'histoire d'Homo sapiens les femmes ont été beaucoup plus mobiles que les hommes ?

Svante Pääbo : Quand on analyse l'ADN mitochondrial actuel, hérité par les femmes, et le chromosome Y, hérité par les mâles, on observe que le schéma de variabilité de l'Y est beaucoup plus local, beaucoup plus enraciné dans la géographie. Cela indique que les mâles ont en moyenne moins bougé au cours du temps. Cela peut s'expliquer si l'on admet que depuis très longtemps les femmes étaient une monnaie d'échange et intégraient d'autres groupes humains, tandis que les mâles héritaient des droits que leur conférait leur groupe d'origine.

Vous employez volontiers le mot « mosaïque » pour décrire la réalité génétique de l'humanité actuelle. Qu'entendez-vous exactement par ce mot ?

Svante Pääbo : Mon génome comporte deux exemplaires de mes gènes, l'un venu de ma mère, l'autre de mon père, mais les chromosomes ont aussi échangé de l'information au moment de la formation des gamètes. Différents segments de mon génome ont donc une histoire différente, si bien que pour tel segment je peux être très proche de vous, pour un autre très proche d'un de mes collaborateurs, pour un autre d'une autre personne encore, et ainsi de suite. Il n'est donc pas significatif de dire de qui je suis le plus proche en moyenne. En réalité, mon histoire génétique est composée de milliers d'histoires génétiques, chacune associée à un segment de mon génome. Or, ces dernières années, nous avons appris que pour chaque segment il n'existe en réalité que quatre à six variantes de par le monde. Comme j'ai deux exemplaires de chaque segment, qui sont identiques ou similaires, cela signifie qu'un tiers environ de cette variance est présent en moi, dans l'un des deux exemplaires du génome que je porte. Chacun d'entre nous porte en lui une grande partie de la variation humaine, représentant près d'un tiers de l'histoire génétique de notre espèce. Cela fait de nous une mosaïque vivante.

Pourquoi paraissons-nous si différents les uns des autres ?

Svante Pääbo : C'est un résultat de cette mosaïque, mais l'origine géographique a aussi son mot à dire. Quand nous regardons quelqu'un, nous pouvons très souvent identifier la région du monde où vivaient ses ancêtres. Cependant, cette signature géographique ne concerne que la surface du corps. Ce sont les traits du visage, la structure des cheveux, la couleur de la peau, parfois la façon dont nous digérons les aliments (qui concerne la surface de l'intestin). Mais les organes profonds ne sont pas différents. L'origine géographique n'influe pas sur le choix d'un rein à greffer. La surface du corps varie en raison des pressions de sélection qui ont été exercées sur nos ancêtres directs par l'environnement.

Le mot « race » conserve-t-il un sens ?

Svante Pääbo : Un sens social et politique, malheureusement, mais non un sens génétique. Le mot « race » ne désigne pas un concept scientifique. Nous ne saurions pas le définir. Nul ne peut affirmer qu'il existe trois, cinq ou dix races. Il n'y a pas de frontières identifiables (cf. l'article de Marcus Feldman, Richard Lewontin et Mary-Claire King, p. 143).

Existe-t-il des indices que nous continuons d'évoluer ?

Svante Pääbo : L'un des meilleurs exemples, sur lequel nous avons travaillé, est celui des gènes qui codent les récepteurs olfactifs. Le séquençage du génome humain a permis d'établir que 58 % du millier de gènes impliqués dans le sens de l'odorat ne sont pas fonctionnels. Ce sont des pseudogènes. Or, nous avons montré que chez les grands singes la proportion n'est que de 30 %. L'homme a donc perdu des gènes des récepteurs olfactifs. Le processus, qui semble avoir commencé voici 2 ou 3 millions d'années, se poursuit aujourd'hui. D'ici à 500 000 ans ou 1 million d'années, il est certain que nos descendants auront l'odorat encore moins sensible que le nôtre.

Est-ce à dire qu'une personne ayant un meilleur odorat que moi est moins évoluée ?

Svante Pääbo : Si vous n'attribuez pas de valeur au mot « évoluer », en un sens oui. Une conséquence de l'évolution actuelle est en effet que, d'un individu à l'autre, nous varions beaucoup dans le nombre de gènes de l'olfaction que nous portons. Pour un gène donné, vous pouvez avoir les deux versions qui fonctionnent, l'une des deux seulement ou aucune des deux. Cela explique le talent des goûteurs de vin. C'est triste à dire, mais vous pouvez soutenir que les gens qui ont moins de gènes de l'odorat sont à cet égard plus évolués que les autres. Mais je ne sais pas si je ne préférerais pas être un peu moins évolué et mieux goûter les vins...

Pensez-vous que l'augmentation moyenne de la taille que l'on constate aujourd'hui est liée à nos gènes ?

Svante Pääbo : Cette évolution spectaculaire n'implique aucune mutation, mais elle montre que notre constitution génétique nous permet d'être beaucoup plus grands. C'est l'expression des gènes qui est modifiée, en raison du changement des modes de vie. De quelle manière ? Nous ne le savons pas précisément. La nutrition, la lumière, etc. L'augmentation de la taille reste un phénomène mal compris.

Diriez-vous, en ce sens, que l'évolution culturelle agit sur nos gènes ?

Svante Pääbo : Certainement, à condition de considérer le temps long. Un bon exemple est l'habitude de boire du lait, qui a accru la fréquence de la tolérance au lactose dans plusieurs populations du monde. Un autre exemple est la descente du larynx, que l'on observe chez les enfants de 2 à 3 ans et qui leur donne une bien meilleure boîte vocale pour articuler. C'est probablement une conséquence de l'apparition du langage.

Diriez-vous que notre évolution culturelle, très rapide, offre de nouvelles opportunités d'expression à nos gènes ?

Svante Pääbo : C'est probable, en effet. Notre génome peut sans doute être aussi considéré comme un potentiel inexploité, gros de nouvelles possibilités.

Propos recueillis par Olivier Postel-Vinay

LA FEMME EST L'AVENIR DE L'HOMME

Olivier POSTEL-VINAY

Si la femme est armée de deux chromosomes X qui semblent lui donner des atouts significatifs, les hommes sont affligés d'un chromosome Y dont l'histoire est celle d'une longue dégénérescence ponctuée par quelques sursauts. Ce très petit chromosome, qui n'abrite plus que soixante-seize gènes, est fragile car il ne bénéficie pas de la recombinaison génétique et est soumis à de multiple divisions cellulaires. Il est aussi plus exposé que les X des femmes aux atteintes de l'environnement. Les femmes seraient-elles l'espoir de l'humanité ?

« L'homme a plus de puissance corporelle et intellectuelle que la femme », observait Darwin à la fin de son maître ouvrage sur la sélection sexuelle. Aujourd'hui, le vent a tourné. Les regards des spécialistes, hommes et femmes réunis, semblent rivés sur la fragilité du mâle en général, et de son chromosome Y en particulier. *« Une chiffe molle »*, soutient la généticienne australienne Jennifer Marshall Graves pour désigner le bout de génome qui lui manque. *« Une ruine »*, affirme son collègue britannique Brian Sykes, dont le livre consacré à « la malédiction d'Adam » vient d'être traduit en français. *« Les porteurs de l'Y déclinent à mesure que la civilisation avance »,* assure pour sa part Steve Jones, autre généticien britannique auteur d'un livre sur le même thème. Diverses disciplines joignent leurs compé-

tences au chœur des pleureuses : spécialistes du sperme, médecins, gérontologues, démographes, sociologues, épidémiologistes, psychiatres. Bref, l'avenir de l'homme est avancé : c'est la femme, le poète l'avait dit.

Les mâles sont-ils bien nécessaires ? La théorie de l'évolution fait grand cas de la reproduction sexuée. La recombinaison génétique due au brassage des gènes paternels et maternels lors de la formation des gamètes assure l'élimination de la plupart des mutations et parasites délétères. Elle assure aussi des variations significatives entre les individus : invite à l'évolution mais aussi garantie contre les agressions des agents pathogènes et du milieu en général. Cependant nombre d'êtres bien vivants se passent de la sexualité sans problème apparent. Il en va ainsi de quelque 2 000 espèces de pissenlits, soit la plupart des représentants de cette famille tenace. Ou encore de 500 espèces de rotifères, animalcules d'eau douce qui forment des spores quand le milieu devient hostile. Pissenlits et rotifères se reproduisent allègrement par clonage. Ils sont très contents, ils occupent les quatre coins de la Terre. Plus près de nous, plusieurs espèces de lézard ont abandonné la reproduction sexuée au profit de la parthénogenèse : la femelle pond des œufs, qui font des filles qui pondent des œufs… Là encore, ce sont des clones.

UN GÉNOME SANS IDÉES PRÉCONÇUES

Il y a plus subtil. Nous sommes habitués à l'idée que la masculinité est déterminée par la présence du chromosome Y, découvert en 1905 par une femme aujourd'hui oubliée, Nettie Maria Stevens. Chez les mammifères, les mâles ont en principe un chromosome X et un chromosome Y, tandis que les femelles ont deux chromosomes X. Mais ce n'est pas le cas de tous les animaux. Les tortues et les crocodiles n'ont pas de chromosomes sexuels. C'est la température qui détermine si l'œuf devient mâle ou femelle. Chez les serpents et les oiseaux, c'est la femelle, non le mâle, qui a deux chromosomes sexuels différenciés. Les mammifères eux-mêmes recèlent des surprises. Chez plusieurs espèces de souris d'Amérique latine, une fraction des femelles sont XY au lieu d'être XX. Or, elles sont plus fécondes que leurs congénères. Et le comble : une espèce de rat-taupe d'Arménie est dépourvue de chromosome Y. Les individus n'ont qu'un chromosome sexuel, le X. Ils sont pourtant bien mâles ou femelles, et jouissent d'une sexualité normale. Manifestement, les gènes de la masculinité ont été pris en charge par d'autres chromosomes.

Même chez l'homme, on sait aujourd'hui que le Y ne fait pas tout : de nombreux gènes actifs dans la détermination des caractères mâles sont sur le X, d'autres ailleurs. Des individus XX sont hermaphrodites, ils ont des testicules. C'est dire que le génome n'est pas exagérément prisonnier d'idées préconçues. Il cache des ressources insoupçonnées. Perspective rassurante, pour le cas où le Y serait appelé à disparaître aussi chez l'homme.

Mais peut-il réellement disparaître ? Il est à peu près établi que le X et le Y sont les lointains descendants d'une paire de chromosomes ordinaires, qui sévissait voici 300 millions d'années environ, peu après la séparation entre le monde des oiseaux et le nôtre. D'après le modèle proposé par les théoriciens, un premier gène déterminant la masculinité serait apparu à cette époque sur l'un de ces chromosomes. D'autres gènes de virilité s'y seraient accolés. Le bloc ainsi formé aurait pris une autonomie croissante, pour finalement trouver le moyen de cesser de se recombiner avec le chromosome homologue – l'ancêtre du X. Comme quoi Ève n'est pas née d'une côte d'Adam : c'est l'inverse.

DYNAMIQUES ÉVOLUTIVES CONTRAIRES

Par étapes successives, la majeure partie du Y se serait ainsi transformée en une « *république isolée* », selon le mot de Steve

Jones. Elle est la seule fraction de notre génome à ne pas se recombiner au moment de la méiose, cette opération si délicate qui préside à la formation des gamètes. Contrairement aux autres chromosomes, le Y de la cellule mâle reste face au X sans pouvoir échanger de gènes (sauf, à l'occasion, aux deux extrémités). Il accumule donc mutations et parasites.

Voilà la force du Y : il lègue chaque fois tous ses gènes à l'embryon destiné à devenir un mâle, sans risque de contamination par d'autres gènes. C'est aussi sa faiblesse : l'absence de recombinaison l'a contraint à dégénérer. Il est tout rikiki. Aux dernières nouvelles, le Y humain ne contient que 78 gènes, contre environ 3 000 à 4 000 pour le X. La présence sur l'Y de nombreux pseudogènes, gènes ayant perdu leur fonction, indique que ce processus de déperdition se poursuit. Un calcul simple montre que notre Y aura disparu dans 10 millions d'années. Ses gènes ayant dégénéré l'un après l'autre, il aura perdu toute efficacité bien avant cette date.

Au grand déplaisir des amateurs de scénarios catastrophe, le séquençage presque complet d'un Y humain, en 2003, a cependant redoré le blason de la chiffe molle. Certains de ses gènes ont en effet fort bien résisté à l'usure du temps. C'est le cas du plus célèbre d'entre eux, le SRY, dont on sait depuis 1990 qu'il détermine, en règle générale, l'apparition ou non de testicules chez le fœtus. Le SRY est probablement le premier gène de la sexualité à s'être constitué sur le chromosome ancestral, voici quelque 300 millions d'années. Il a été remarquablement préservé depuis cette date, du moins chez l'homme.

Les généticiens ont aussi découvert que des gènes cruciaux existent, comme par précaution, en deux exemplaires ou davantage. Ils sont installés sur de longs segments du Y, qui disposent d'un moyen de réparation inattendu : la conversion. Ces segments sont des palindromes, c'est-à-dire des séquences miroir l'une de l'autre. Ils pratiquent une sorte de sexualité interne, forme de recombinaison à sens unique : l'un des bras modifie la séquence de l'autre. Ce système permet, semble-t-il, aux gènes contenus dans ces palindromes d'être bien conservés. Autre découverte : le Y a reçu un transfert massif de séquences du X, comprenant deux gènes, voici 3 ou 4 millions d'années, donc après la séparation entre la lignée des chimpanzés et la nôtre, à une date où l'hominisation était déjà bien avancée. C'est un trait de l'histoire du Y d'avoir reçu à plusieurs reprises des gènes spécialisés dans le peaufinage des fonctions masculines. Pour l'Américain David Page, principal acteur du difficile séquençage du Y, celui-ci est donc en réalité le théâtre de deux dynamiques évolutives contraires. L'une tend vers la dégénérescence, l'autre vers la conservation de gènes clés, et même l'apport de gènes nouveaux. Le Y n'aurait pas dit son dernier mot.

FAIBLES SPERMATOZOÏDES

Pour réconfortante qu'elle soit, cette mise au point ne remet pas en question la tendance de fond, qui se retrouve à des degrés divers chez tous les mammifères et, de façon générale, chez les animaux qui ont adopté le principe d'un chromosome dédié à l'expression de caractères propres à l'un des deux sexes. N'étant pas protégé par la recombinaison avec un chromosome homologue provenant de l'autre sexe, il est voué à un déclin plus ou moins rapide. Le dispositif de conversion évoqué plus haut est d'ailleurs à double tranchant. La recombinaison des palindromes ne fait pas que réparer des erreurs, elle en crée. Ainsi arrive-t-il qu'un gène présent sur l'un des segments soit éliminé. Cause relativement courante d'absence de spermatozoïdes dans le sperme.

Comme s'il ne lui suffisait pas d'être moins protégé que le double X du fait de son absence d'*alter ego* au moment de la méiose, l'Y souffre d'une autre faiblesse congénitale. C'est la fragilité des spermatozoïdes eux-mêmes. Face au gros ovule, ces microbes n'ont que la peau sur les os. Le cytoplasme est réduit à sa plus simple expression. Ses rares mitochondries libèrent des toxiques. L'ADN du noyau est mal protégé. Selon des processus imparfaitement compris, il est soumis à un stress oxydant intense, qui peut être aggravé par une agression extérieure. Il est ainsi établi que le sperme de gros fumeurs contient un taux élevé de mutations et de fragmentation de l'ADN, associé à une baisse du niveau d'agents protecteurs antioxydants comme les vitamines. Résultat : les enfants de ces gros fumeurs auraient quatre ou cinq fois plus de risques de développer un cancer que d'autres enfants.

La fragilité d'un spermatozoïde est aussi liée au nombre de divisions cellulaires dont il est issu, puisque chacune est l'occasion d'accidents supplémentaires. Or l'ADN du sperme d'un homme de 20 ans a été copié quatre cents fois, celui d'un homme de 50 ans mille fois plus, alors que l'ovule d'une femme, disent les manuels, a seulement connu vingt-quatre divisions, lesquelles se sont en outre produites au cours du développement embryonnaire, bien au chaud dans l'utérus maternel. Ce point de la vulgate sera peut-être révisé, s'il se confirme – à la suite de travaux récents chez la souris – que des cellules souches germinales femelles continuent de s'activer et de produire de nouveaux ovocytes à l'âge adulte. Il n'en restera pas moins que l'ADN des spermatozoïdes est soumis à des contraintes bien plus redoutables.

INÉGALITÉS ENVIRONNEMENTALES

Le résultat est là : entre le tiers et la moitié de ces petites bêtes peuvent être considérées comme anormales. Il est vrai qu'elles sont nombreuses. Un homme fertile produit entre 100 et 200 millions de spermatozoïdes par jour. Mais 7 % des hommes sont infertiles ou hypofertiles et, chez ceux qui peuvent procréer, beaucoup de mutations passent à la descendance. L'Y d'un enfant comporte en moyenne 600 lettres différentes de celui de son père. Le sort de la moitié des spermatozoïdes porteurs d'un X n'est pas plus enviable, mais les défauts de l'X seront compensés, chez les filles qui en seront issues, par l'action de l'X maternel.

Curieusement, l'homme semble être l'un des mammifères produisant le plus petit nombre de spermatozoïdes. Steve Jones et Brian Sykes se plaisent à souligner que la quantité de sperme normal produit chaque jour par l'un de nos étalons n'excède pas celle générée par un hamster. Et, pour autant qu'on puisse en juger, le sperme humain est en quantité et en qualité sensiblement inférieur à celui des chimpanzés.

La fragilité du Y humain pourrait se traduire par une vulnérabilité particulière aux agressions de l'environnement. La thèse a été développée dans les années quatre-vingt-dix, diverses études ayant décelé une tendance à la baisse de la qualité du sperme depuis les années soixante-dix. La baisse est indéniable dans des villes comme Paris et Édimbourg. Divers produits polluants ont été mis en cause. Mais la qualité du sperme des Toulousains et des New Yorkais ne semble pas avoir baissé. Pourquoi ? On l'ignore. Il existe en revanche une tendance lourde : l'incidence du cancer des testicules a augmenté régulièrement au cours du XXe siècle dans la plupart des pays développés. Or, ce cancer est toujours précédé par des problèmes de fertilité. Il n'est pas exclu que la fragilité du Y varie d'un groupe humain à l'autre. Une équipe de l'Institut Pasteur a montré qu'un haplotype* caractérisant 3 à 5 % de la population générale se retrouve chez près de 30 % des Danois souffrant d'une insuffisance en spermatozoïdes. Une étude menée en Espagne parvient à une conclusion analogue.

PROCRÉATION SANS MÂLES ?

Médecins et psychiatres sont aujourd'hui tentés d'imputer à l'Y la responsabilité de la fragilité du mâle humain en général. Selon une synthèse publiée par le *British Medical Journal*, et reprise à son compte par Steve Jones, cette fragilité se manifeste à toutes les étapes du développement et de la vie, et ce dès la conception. Un stress maternel à ce moment est associé à une réduction du *sex-ratio* des embryons, au profit des filles. Le fœtus mâle est plus vulnérable. Les accidents et les anomalies à la naissance sont plus fréquents chez les garçons, qui naissent à un stade de développement moins avancé que celui des filles. Les désordres physiques et comportementaux de la petite enfance sont plus courants chez les garçons et les affectent plus gravement. À l'âge adulte les hommes sont sujets à des maladies graves liées spécifiquement à leur chromosome X isolé, et ils sont plus vulnérables que les femmes pour un grand nombre d'autres maladies. Le résultat le plus spectaculaire de cette fragilité globale est une moindre longévité. Propre à tous les mammifères, ce phénomène s'est fortement accru dans l'espèce humaine avec l'industrialisation. Dans les pays développés, la différence d'espérance de vie à la naissance entre les femmes et les hommes, qui était de deux à trois ans au début du XIXe siècle, s'est stabilisée autour de six ou sept ans.

D'un point de vue génétique, l'avantage des femmes ne semble pas seulement lié à l'absence de chromosomes non recombinants et aux ressources des ovules, mais aussi au fait qu'elles disposent dans tous leurs organes de deux lignées cellulaires distinctes. Dans l'une, c'est le X en provenance du père qui est actif ; dans l'autre, c'est l'X en provenance de la mère. Or, plus une femme avance en âge, plus une lignée a tendance à l'emporter sur l'autre. Ce pourrait être dû à la sélection par l'organisme de la lignée la plus avantageuse. L'avantage conféré a des chances d'être particulièrement prononcé pour les tissus dont les cellules se divisent beaucoup, comme le sang et la peau.

Il est tentant de tirer des plans sur la comète. Jennifer Marshall Graves pense que la dégénérescence du Y pourrait conduire à l'invention de nouvelles formes de sexualité, permettant au genre *Homo* de se diversifier à nouveau. Steve Jones suggère que, par une étrange ruse de l'histoire, le progrès scientifique et technique, principalement piloté par les mâles, ait fourni l'occasion aux femmes, avec la révolution industrielle, de donner la pleine mesure de leur avantage génétique. Le deuxième sexe, dont on a vu qu'il est en réalité le premier, serait en passe de le faire savoir. Pour couronner le tout, le progrès technique permet d'envisager, à plus ou moins long terme, de suivre l'exemple d'autres espèces en instaurant la procréation sans mâle. L'idée de la femme avenir de l'homme serait alors un peu plus que le mot d'un poète.

O. P.-V.

L'ILLUSION DE LA MÉDECINE RACIALE

Marcus FELDMAN, Richard LEWONTIN, Mary-Claire KING

À partir du génome humain, il est aujourd'hui possible de connaître avec une relative précision la région du globe d'où proviennent ses ancêtres : sa « race ». Pourtant, les variations génétiques entre ces races sont très faibles, bien moindres que celles au sein d'une même race. Au cours des dernières années de nombreux débats ont éclos quant à la pertinence de la notion de race en médecine : peut-elle aider à déterminer si certains traitements sont plus appropriés pour certaines d'entre elles que pour d'autres ? En réalité, la connaissance de la région d'origine des ancêtres d'un patient est bien plus utile en médecine. L'individu demeure l'unité fondamentale de connaissance génétique en applications médicales.

Le 26 juin 2000, le séquençage du génome humain est achevé à 95 %. Cet immense projet nourrit l'espoir de parvenir à expliquer des maladies courantes à partir d'anomalies dans les séquences d'ADN. Il ouvre aussi la porte à un autre défi : l'étude de l'histoire de l'évolution humaine à partir d'analyses statistiques des variations du génome entre des individus originaires de différentes régions du Globe.

Deux ans plus tard, l'idée est confirmée : on peut définir la région d'où provient un individu à partir d'un grand nombre de marqueurs génétiques, et ce avec une grande précision. Dans certains cas, il est même possible d'arriver à l'échelle locale. Et ce n'est qu'un début : il est à prévoir que, dans un proche avenir, on disposera de bien davantage de marqueurs génétiques, ainsi que d'outils statistiques plus sophistiqués.

La première motivation de ces travaux est d'exploiter les variations génétiques chez l'homme pour « individualiser » la médecine. Avec l'accès au génome, il est justement devenu beaucoup plus facile d'étudier ces variations. Et, depuis trois ans, une controverse va croissant : appliquée à l'homme dans le contexte de la médecine et de la pharmacologie, la notion de race a-t-elle un sens ? Est-elle biologiquement utile ?

Quatre commentaires, parus dans le *New England Journal of Medicine*, un autre dans *Science*, un éditorial et un commentaire dans *Nature Genetics* et quatre articles du *New York Times*, posent tous la question du classement en races en tant que concept biologique. Ils avancent notamment que les données récentes seraient incompatibles avec l'observation largement admise et confirmée selon laquelle une très forte proportion de la diversité génétique humaine se situe à l'intérieur même des régions géographiques. Or, c'est cette observation qui a conduit biologistes et anthropologues à abandonner la notion de races humaines depuis une trentaine d'années. En réalité, il n'y a pas ici contradiction, mais confusion, entre deux questions très différentes.

La première : *« Est-il possible de trouver des séquences d'ADN qui soient polymorphes (c'est-à-dire qui puissent revêtir différentes formes selon les individus) et dont les fréquences alléliques (les fréquences auxquelles apparaissent les différentes formes des gènes) soient suffisamment différentes entre les grandes régions géographiques pour permettre de déterminer, avec une forte probabilité, l'origine géographique d'une personne ? »* Les séquences d'ADN en question peuvent être, soit des gènes codant des protéines, soit des marqueurs non codants. On connaît la réponse à cette question depuis cinquante ans grâce à l'étude des polymorphismes génétiques : c'est

« oui », et ce n'est une surprise pour personne. La couleur de la peau, la morphologie du visage et la texture des cheveux (des traits d'origine essentiellement génétique bien que la plupart des gènes en cause n'aient pas encore été identifiés) permettent à chacun de faire la différence entre des personnes originaires d'Afrique de l'Ouest, de Chine, de Norvège ou de la forêt tropicale du bassin de l'Orénoque. En étant à peine plus attentif, la morphologie externe permet de distinguer un Zoulou d'un Éthiopien de langue amharique, un Chinois d'un Japonais, ou un villageois de l'Andra Pradesh d'un Afghan.

VARIABILITÉ GÉNÉTIQUE

La deuxième question est : *« Quelle fraction de la variabilité génétique humaine trouve-t-on à l'intérieur de populations géographiquement séparées, et quelle fraction distingue ces populations ? »* Par variabilité génétique, on entend aussi bien les gènes codant des protéines que toute autre séquence d'ADN polymorphe. Le problème est ici de connaître la quantité de diversité génétique séparant les groupes géographiques, et celle présente à l'intérieur de ces groupes. La réponse : la variabilité génétique se situe pour l'essentiel à l'intérieur de chaque groupe et très peu entre les groupes. De nombreuses études l'ont prouvé au cours des trente dernières années, et toutes les données récentes vont également dans ce sens.

Le paradoxe de ces réponses, apparemment discordantes, peut être levé par la réponse à une troisième question : *« Les gènes dont les fréquences alléliques sont hautement spécifiques de la région géographique sont-ils typiques du génome humain en général ? »* Or la réponse est négative. Il existe effectivement des gènes dont les fréquences alléliques sont très différentes d'une région géographique à une autre et qui peuvent servir à des fins taxonomiques, mais ils ne sont pas typiques du génome humain en général.

Pour mieux comprendre les données scientifiques qui nous permettent de répondre à ces trois questions, commençons par examiner les résultats d'une publication récente (N. Rosenberg et *al., Science, 298, 2381,* 2002*)* Celle-ci a porté sur l'étude de 377 microsatellites* chez 1 056 personnes issues de 52 zones géographiques différentes (représentant des populations originaires des cinq continents). Elle a permis de montrer que la variabilité de ces marqueurs hautement polymorphiques permet de regrouper les personnes en analysant seulement les similitudes entre leurs génotypes.

Sans que l'on connaisse l'origine géographique des individus, la technique statistique utilisée permet de déterminer le groupe auquel ceux-ci ont le plus de chances d'appartenir. Une fois les groupes constitués, on peut les confronter à l'origine géographique réelle des individus. Dans l'une des analyses les plus convaincantes, cinq des groupes ainsi construits correspondaient étroitement à des continents et à des sous-continents. De plus, dans cette même analyse, les continents où les sujets disaient avoir leurs racines ancestrales coïncidaient avec les groupes obtenus à partir des marqueurs génétiques.

ISOLEMENT ET MIGRATIONS

Ces groupes ont également témoigné de la complexité de certaines origines. Les génotypes de plusieurs individus révélaient des ancêtres appartenant à deux groupes ou plus, et certains groupes montraient des ascendances multiples, signature de migrations, de conquêtes passées, ou de la continuité des variations génétiques sur de grandes distances. Ainsi, pratiquement tous les sujets du groupe des Mozabites d'Algérie appartenaient à la fois à un groupe correspondant à l'Eurasie et à un autre correspondant à l'Afrique.

Les groupes obtenus avec de telles analyses statistiques reflètent ainsi l'histoire de la structure des populations humaines anciennes, ainsi que celle des migrations depuis le départ des hommes modernes d'Afrique, il y a 50 000 à 100 000 ans. Lorsque les populations humaines étaient de petite taille et isolées les unes des autres, ces petits groupes ont génétiquement divergé. Pour plusieurs raisons. D'abord, dans les populations de très petite taille, la fréquence des différents variants génétiques évolue d'une génération à l'autre pour des raisons purement contingentes, car tous les individus n'ont pas exactement le même nombre d'enfants. Ensuite, il peut exister localement des préférences culturelles poussant à l'union avec des personnes dotées de certains traits physiques. Enfin, certains variants génétiques peuvent être favorisés localement par la sélection naturelle, par exemple parce qu'ils confèrent une résistance à une maladie qui ne sévit qu'à l'échelle locale.

Au fur et à mesure des migrations humaines, les schémas géographiques se sont modifiés. Dans certains cas, des envahisseurs migrants ont presque entièrement supplanté la population résidente ; ils ont aussi pu s'installer et s'étendre dans des régions inhabitées. Dans d'autres cas, il y a eu mélange entre migrants et populations locales, aboutissant à des populations intermédiaires. En des temps plus récents de l'histoire, il y eut des migrations massives, des conquêtes, des déportations d'esclaves et des colonisations de territoires peu peuplés : c'est le cas, par exemple, des invasions mongoles en Europe de l'Est, ou de la colonisation des Amériques par un mélange d'Européens et de leurs esclaves africains. Ces événements ont conduit à mélanger des populations génétiquement différenciées. Cette tendance se maintiendra probablement dans l'avenir, avec la poursuite des migrations dans une économie industrialisée et mondialisée. Les différences génétiques entre groupes géographiques et « races » classiques vont connaître une lente érosion.

Est-il possible d'affiner les groupes ? Pour des zones géographiques comme l'Europe, l'Asie occidentale et l'Asie centrale et méridionale, marquées par une longue histoire de migrations et de colonisations, c'est très difficile. Il faudra davantage d'individus et beaucoup plus de marqueurs polymorphes : nous sommes limités dans l'analyse par les échantillons actuellement disponibles. Reste qu'à l'avenir, si nous pouvions disposer de 5 000 populations au lieu de 52 pour une analyse du même type, les limites bien tranchées entre les groupes pourraient bien disparaître.

Pour répondre aux deux questions posées plus haut, la constitution de groupes à partir d'études statistiques des similitudes entre les génotypes a produit un résultat essentiel : les groupes correspondant à différents continents ne se fondent pas sur quelques génotypes caractéristiques, mais sur une somme de petites différences entre les fréquences alléliques d'un grand nombre de marqueurs. Autrement dit, ces microsatellites varient beaucoup à travers le monde, mais les différences entre groupes sont, en général, faibles.

De plus, il faut garder à l'esprit que, s'il est possible avec un haut degré de certitude de déduire du génotype d'un individu son continent d'origine, la connaissance du continent d'origine d'un individu n'améliore en revanche que peu notre capacité à prédire son génotype au niveau d'un marqueur ou d'un gène.

Bien sûr, certains gènes codant des protéines sont sujets à des pressions de sélection, et leur fréquence varie davantage entre populations ou continents. Ainsi, les groupes sanguins Duffy et rhésus, déterminés par deux gènes différents, sont plus variables d'une population à l'autre que la plupart des gènes des autres groupes sanguins. Ils varient plus aussi que les gènes des protéines ou que la quasi-totalité des microsatellites. Certains allèles ne se trouvent en effet que dans un seul groupe : par exemple, l'allèle Duffy Fy^b n'est présent que chez les personnes ayant des ascendants en Europe. Mais il n'existe aucun gène pour lequel un génotype donné se trouve à 100 % dans un grand groupe géographique et un autre à 100 % au sein d'un autre grand groupe.

Si l'on passe maintenant du problème consistant à déduire les origines ancestrales à partir du génotype à celui de la diversité génétique au sein des populations (comme entre celles-ci), il n'y a plus de controverse. En 1972, la première enquête sur la diversité génétique dans un très grand nombre de populations de toutes races a pris en compte toutes les données génétiques dont on disposait alors sur les groupes sanguins et les protéines enzymatiques. Ce travail a permis de montrer que 85 % de toute la diversité génétique humaine est présente au sein même de chaque groupe local (c'est-à-dire des Suédois, ou des Kikouyous, ou des Japonais, etc.). Il y a 8 % de variation supplémentaire entre les groupes locaux d'une même race (c'est-à-dire, par exemple, entre Suédois, Italiens et Grecs, ou entre Kikouyous, Zoulous et Hutus). Les derniers 7 % séparent les grandes races classiques (comme les Africains subsahariens, les Asiatiques de l'Est, les Aborigènes australiens et les Européens).

MÉDECINE RACIALE

Par la suite, plusieurs études similaires ont été conduites pour des régions géographiques plus limitées, et ont donné des résultats comparables. *Idem* avec les enquêtes fondées sur les variations des séquences d'ADN. Dans la récente étude sur les microsatellites, on a encore trouvé 86 à 95 % de la variabilité génétique à l'intérieur des populations locales, de 2 à 6 % entre les populations d'une même grande région géographique, et de 3 à 10 % entre les grandes régions ou les races classiques. Toutes les études aboutissent donc à la même conclusion : les différences génétiques entre régions géographiques sont très faibles en comparaison de celles observées au sein de toute population locale.

Forts de toutes ces données, que peut-on dire de leur utilité pratique en médecine ? On a récemment émis l'idée que le classement en races devrait être intégré aux bonnes pratiques médicales. Pour notre part, nous aimerions faire deux remarques qui peuvent paraître à peine différentes, mais qui le sont fondamentalement : 1) dans un contexte médical, connaître l'ascendance d'un patient est souvent extrêmement utile au diagnostic ou au traitement, mais la race est une définition à la fois trop large et trop étroite de l'ascendance pour être biologiquement utile ; 2) dans un contexte médical, la race peut être utile dans la mesure où elle renseigne sur le contexte social et les conditions de vie des patients.

Voyons un exemple : celui de la drépanocytose (ou anémie falciforme). Cette maladie est due à une forme anormale de l'hémoglobine, provoquée par une mutation. Elle est souvent considérée comme un trait africain parce que la forme mutée de l'allèle de l'hémoglobine provient d'Afrique occidentale. Mais la drépanocytose existe aussi dans les populations méditerranéennes et indiennes. La maladie n'est pas caractéristique du continent ou de la région d'origine, mais de l'existence d'une ascendance ayant vécu dans des régions géographiques où le paludisme a sévi pendant une longue période de l'histoire humaine – la mutation de l'hémoglobine confère en effet une résistance au paludisme. C'est le cas de l'Afrique, de la Méditerranée et de l'Inde du Sud.

Bien entendu, seule une minorité des personnes originaires d'Afrique, de Méditerranée ou d'Inde sont porteuses de l'allèle responsable de la maladie. Dans un contexte médical, si un enfant présente des symptômes d'anémie pouvant évoquer la drépanocytose, la bonne question sur l'ascendance ne porte pas sur sa race, mais sur le fait de savoir s'il y a dans sa généalogie des ancêtres venus d'Afrique, de Méditerranée ou d'Inde du Sud.

PRIORITÉ AUX ANCÊTRES

Prenons maintenant le cas de la maladie de Tay-Sachs, une maladie du système nerveux central caractérisée par une accumulation de graisses dans le cerveau. La connaissance des ascendances joue un rôle essentiel dans le diagnostic et les tests génétiques : un sujet porteur de l'allèle Tay-Sachs a presque certainement des ancêtres juifs ashkénazes ou canadiens français. Là encore, l'explication est affaire de génétique des populations et de génétique moléculaire. Les mutations responsables de la maladie de Tay-Sachs se sont produites au hasard de nombreuses fois ; la démographie historique des Juifs ashkénazes et celle des Canadiens français sont très différentes l'une de l'autre, mais il se trouve que ces allèles sont devenus relativement fréquents à l'intérieur de chacune de ces deux populations. Pour la maladie de Tay-Sachs, la connaissance des liens ancestraux avec ces sous-populations est donc une information capitale. Dans ce contexte, l'existence d'une ascendance bien précise est une donnée extrêmement utile ; pas la race.

Ces exemples illustrent tous deux le fait que, si l'on veut utiliser efficacement le génotype pour des décisions diagnostisques et thérapeutiques, ce n'est pas la race qui importe, mais les informations sur l'ascendance du patient.

L'idée d'adapter les traitements selon le génotype du patient relève-t-elle donc du fantasme ? Une série d'articles récents a justement été consacrée à la question particulière des variations génétiques pour les enzymes qui interviennent dans le métabolisme des médicaments. Ils ont confirmé que les différents allèles de certaines de ces enzymes ne se retrouvent pas avec la même fréquence chez des Américains d'origines différentes. Du coup, certains auteurs ont affirmé que, pour prédire les génotypes de ces enzymes (et donc la réponse à divers médicaments), l'étude des microsatellites pour créer des groupes génétiques est utile – plus utile en tout cas que de demander au patient la race à laquelle il appartient. Mais d'autres contestent cette vision des choses. Ils affirment pour leur part que considérer des groupes génétiques à la place de la race risque de conduire à négliger les effets des facteurs socio-économiques, environnementaux et du mode de vie sur les causes de maladie comme sur la réponse au traitement.

Que penser de cette approche ? Elle nous paraît au mieux sans grande valeur, au pire dangereuse. La leçon à tirer des études récentes est que, pour les allèles des enzymes intervenant dans le métabolisme des médicaments, les différences globales de fréquence entre groupes (définis par les variations génotypiques ou par des questionnaires) ont toutes les chances d'être moindres que la variabilité de ces allèles au sein de chaque groupe. Il est évident que le génotype d'un patient pour des enzymes commandant la réponse au traitement est un facteur important, mais la prédiction du génotype à partir d'un groupe génétique ou à partir de l'identification raciale n'est qu'un médiocre substitut à sa connaissance effective.

Quelles seront les conséquences si l'on traite un patient avec le meilleur médicament pour son groupe mais pas pour lui ? Selon les cas, cela peut aller d'un simple retard dans la prescription du bon traitement jusqu'à la mort. Pour la pratique médicale, le bon niveau de définition du génotype est la séquence nucléotidique complète de l'enzyme en question : c'est le royaume de la pharmacogénomique.

Force est de constater que l'hétérogénéité génétique au sein de chaque groupe, et les mélanges entre des populations relativement isolées auparavant, amènent à beaucoup de confusion dans la considération de la race et de l'ascendance. Le classement racial d'un individu masque l'information biologique nécessaire à des décisions diagnostiques et thérapeutiques intelligentes. À l'évidence, une personne classée « noire » ou « hispanique » par convention sociale peut avoir n'importe quel mélange d'ascendances définies par ses continents d'origine. On peut s'inquiéter : confondre race et ascendance pourrait avoir des conséquences catastrophiques en pratique médicale.

M. F., R. L. et M.-C. K.

III.
SOCIABILITÉ ET CULTURE COMME MOTEURS DE L'ÉVOLUTION

UN ÊTRE SOCIABLE

LA CULTURE, AUTRE MOTEUR DE L'ÉVOLUTION

Kevin N. LALAND, Isabelle COOLEN

Comme chez tout être vivant, la sélection naturelle a privilégié chez l'homme les caractères lui permettant de survivre et de se reproduire dans un certain environnement. Dans cette vision, l'adaptation est seulement biologique. Or l'homme modifie son environnement. Et ces transformations conduisent aussi à le faire évoluer. Le rôle de l'ensemble des changements environnementaux provoqués par la culture au sens large paraît aujourd'hui essentiel. Ils pourraient même être considérés comme les principaux artisans de l'évolution, après la sélection naturelle.

Depuis Darwin, l'évolution est dépeinte comme l'œuvre de la sélection naturelle qui sculpte les organismes pour les adapter à leur environnement. Ainsi, les climats arides sélectionnent les animaux capables de réguler leur chaleur, dotés par exemple de grandes oreilles ou d'une aptitude à haleter. Mais, quelle que soit la taille de ses oreilles, ou le rythme de ses halètements, un animal n'influencera jamais la température locale de façon significative. L'environnement détermine les formes de vie, rarement le contraire. C'est du moins la vision conventionnelle.

Pourtant, nous savons tous que les êtres vivants modifient leur environnement. Les oiseaux fabriquent des nids, les araignées tissent des toiles, les castors construisent des barrages. À une échelle plus globale, les plantes changent les niveaux de concentration des gaz atmosphériques et modifient les cycles des éléments nutritifs. Les champignons décomposent la matière organique. Même les bactéries modifient leur environnement, *via* la décomposition ou la fixation de nutriments. Dans cette logique, tous les êtres vivants, par leur métabolisme, leurs activités et leurs choix créent en partie, et détruisent en partie, leur propre niche écologique. On désigne cet ensemble de comportements et leurs conséquences par le terme de « construction de niche ».

À y regarder de plus près, il apparaît que la construction de niche a de nombreuses implications fondamentales jusqu'ici négligées par la biologie évolutionniste et les disciplines qui lui sont liées. Elle serait ainsi bien plus qu'un simple facteur « renforçant » la sélection naturelle. Lancée par le biologiste évolutionniste de Harvard, Richard Lewontin, dans les années quatre-vingt, cette vision représente une tendance montante. Récemment, John Odling-Smee, de l'université d'Oxford, Marcus Feldman, de l'université de Stanford, et l'un d'entre nous (Kevin N. Laland) l'ont développée dans *Niche Construction*, le premier ouvrage publié sur le sujet (Princeton University Press, 2003).

L'accent est mis sur le fait que les organismes ne sont pas passifs. Ils n'attendent pas tranquillement que la sélection naturelle les élimine, mais choisissent ou se construisent un environnement plus favorable. Celui-ci doit donc être vu comme changeant et évoluant de conserve avec ces organismes, sur lesquels il exerce à son tour une pression sélective. Cette optique force à repenser les processus moteurs de l'évolution : la construction de niche en est un, au même titre que la sélection naturelle.

Ce n'est nulle part aussi évident et important que chez l'homme. L'être humain est sans aucun doute le champion des constructeurs de niche. Aucune autre espèce ne domine la Terre comme nous le faisons. Grâce à l'ingénierie et à la technologie, nous avons apprivoisé la planète, apportant la lumière où il n'y en a pas, la chaleur où il fait froid, l'eau dans le désert. Nous pouvons aujourd'hui vivre dans une diversité fantastique d'habitats. Les humains sont en effet tout aussi bien chez eux dans la cuisante savane africaine à mener une vie de chasseurs cueilleurs, dans le froid arctique à pêcher du poisson et des phoques, ou dans les villes.

C'est en grande partie notre prédisposition pour la culture qui fait de nous de tels constructeurs de niche. Par « culture », nous n'entendons pas l'art ou la musique, mais plus largement l'aptitude très humaine à acquérir et à transmettre des savoirs et des compétences, et à concevoir des solutions toujours plus efficaces à des problèmes en tirant profit de ce réservoir commun de connaissances.

Certes, d'autres animaux possèdent vraisemblablement des « traditions » concernant des aliments ou des chants particuliers. Par exemple, les chimpanzés se servent de bâtons comme outil pour attraper des termites, et les pinsons ont des chants qui tiennent du « dialecte » vocal. Cependant, en comparaison, les processus culturels humains sont exceptionnellement puissants, probablement parce que la culture, chez les autres animaux, n'a pas cette propriété cumulative, du moins pas dans cette mesure. Les mathématiques, la physique et la mécanique ne seraient vraisemblablement pas ce qu'elles sont aujourd'hui sans les travaux d'Archimède, même si ceux-ci datent de plus de deux mille ans. À chaque avancée technologique, l'homme résout un problème mais lance aussi de nouveaux défis aux générations suivantes. À cet égard, l'évolution humaine est unique : la construction de niche la conduit et la dirige bien plus que chez les autres espèces.

TRANSMISSION DES SAVOIRS

Mais comment expliquer une telle propension à la culture chez l'homme ? Un indice réside dans le mode de transmission des savoirs. Chez les animaux, les « traditions » se transmettent principalement au sein d'une même génération alors que les hommes semblent apprendre beaucoup des générations précédentes. Cela suggère que la lignée conduisant à *Homo sapiens* a été sélectionnée parce qu'elle utilisait de plus en plus le savoir des aînés.

Dans les années quatre-vingt, les biologistes et mathématiciens américains Robert Boyd et Peter Richerson ont exploré les circonstances dans lesquelles la sélection naturelle devait favoriser différentes formes de transmission d'informations. Selon ces modèles, une tendance vers une augmentation de cette transmission de culture d'une génération à l'autre va de pair avec une plus grande constance de l'environnement. Une conclusion assez déconcertante à première vue, puisqu'il n'existe aucune preuve d'une stabilité accrue des écosystèmes au cours des derniers millions d'années. Mais l'énigme disparaît dès que l'on admet que les êtres humains peuvent façonner cette stabilité environnementale. Cela leur confère une plus grande faculté que les autres organismes à construire les conditions qui favorisent la sélection de la culture. Par exemple, certains usages réguliers (comme la capture de gibier, le stockage de réserves de nourriture ou la construction d'abris) atténuent les variations naturelles des ressources vitales et des conditions de vie en général. Elles assurent ainsi que l'héritage culturel demeure utile de génération en génération.

La spécificité la plus importante de l'évolution humaine tient au fait que culture et construction de niche se renforcent mutuellement : la culture qui se transmet entre générations modifie l'environnement dans un sens qui la favorise toujours plus. La construction de niche, qui se sert de ces savoirs, devient donc de plus en plus puissante.

Il ne s'agit pas là d'une simple spéculation. Pour l'établir, l'un d'entre nous (Kevin N. Laland) et ses collègues ont mis au point un ensemble de modèles mathématiques appliqués à la génétique des populations. Les résultats montrent que la « construction culturelle de niche » provoque des boucles de rétroaction. Comment fonctionnent-elles ? Nous classons ces boucles de rétroaction en deux grandes catégories. La première implique des processus purement culturels. Supposons, par exemple, que les hommes modifient leur environnement en le polluant. Cette pollution peut stimuler l'invention et le développement d'une nouvelle technologie pour faire face à la contamination. Quand cette adaptation technologique suffit à contrecarrer le changement environnemental, la boucle reste confinée au domaine culturel et n'a pas de conséquences génétiques. Il n'y a donc pas de sélection naturelle et pas d'évolution. Si c'était la seule voie dc réponse pour les hommes, l'évolution humaine s'arrêterait.

CULTURE INSUFFISANTE

Mais ce n'est pas le cas. Parfois, les réponses uniquement culturelles ne suffisent pas. Une deuxième boucle de rétroaction met alors en œuvre à la fois les processus culturels et génétiques. Restons sur l'exemple de la pollution : imaginons qu'il n'y ait pas de technologie disponible pour la contrer, ou que cette technologie existe mais soit trop onéreuse pour être exploitée, ou simplement que les hommes n'aient pas conscience de l'impact de leurs activités sur l'environnement. Si une telle situation perdure pendant suffisamment de générations, les génotypes les mieux adaptés à ces environnements culturellement modifiés augmenteront dans la population : la sélection naturelle est à l'œuvre, et l'espèce évolue.

Dans certains cas, cette deuxième voie peut aussi avoir des conséquences sur les processus culturels eux-mêmes. En général, quand la construction culturelle de niche modifie la sélection naturelle, les allèles* favorisés n'ont vraisemblablement pas ou peu d'influence directe sur l'expression de la culture humaine elle-même. Cependant, à certaines périodes de l'évolution humaine, la construction de niche culturelle pourrait avoir modifié la sélection naturelle et conduit à des adaptations génétiques, qui ont affecté à leur tour notre culture.

Le modèle de coévolution du langage et du cerveau humain proposé par Terrence Deacon, de l'université de Berkeley, en est un exemple. Selon lui, la structure du langage a dû se développer en un long processus au cours duquel le cerveau et différents aspects du langage ont exercé des pressions de sélection les uns sur les autres. Les premières formes de pensée symbolique ont créé un nouvel environnement culturel auquel le cerveau a dû s'adapter. Et *vice versa*.

Ces rétroactions peuvent avoir des effets qualitativement très différents, laissant par conséquent des empreintes bien distinctes. Par exemple, de la première boucle on peut s'attendre à des « signatures culturelles » sous forme de changements que seule une construction culturelle de niche antérieure peut expliquer ; sans même nécessairement passer par une modification de l'environnement. L'apparition de la pêche, il y a environ 50 000 ans, en est un exemple. Elle a probablement requis l'invention et la fabrication, préalable ou simultanée, d'instruments comme les filets ou les hameçons et, plus tard, il y a 12 000 ans environ, de flèches à structure crantée vraisemblablement utilisées comme harpons. Pour les archéologues, ces outils sont des signes culturels de l'activité de pêche. L'arrivée des humains en Australie par la mer entre – 60 000 et – 40 000 ans est un autre exemple. Ils ont dû apprendre, avant, à construire des bateaux.

Dans ces exemples, nos ancêtres n'ont pas développé d'adaptation biologique, ni pour trouver plus de nourriture ni pour traverser de grandes étendues d'eau, parce qu'ils ont trouvé des solutions culturelles. En revanche, dans le cas de la deuxième boucle, on peut s'attendre à des signatures génétiques. Elles devraient correspondre à des changements de fréquence d'allèles dans la population humaine, ou éventuellement chez d'autres espèces, qui s'expliquent seulement par une modification de la pression de sélection due à une construction culturelle de niche.

L'agriculture fournit plusieurs exemples de ce type. Ainsi, en Afrique de l'Ouest, pour cultiver de l'igname, certaines populations de langue kwa ouvrent des clairières dans la forêt tropicale humide. Cela déclenche tout un ensemble d'effets en cascade : les clairières augmentent la quantité d'eau stagnante, un terrain propice au développement des moustiques, ceux porteurs de la malaria entre autres. La prévalence de cette maladie croît. La sélection naturelle favorise alors dans le génome humain l'allèle S, l'un de ceux associés à l'anémie falciforme*, car cet allèle confère une certaine protection contre la malaria chez les porteurs hétérozygotes*. Dans ce cas, la culture n'a pas atténué la sélection naturelle mais l'a plutôt provoquée. Le fait que d'autres populations kwa, dont les pratiques agricoles diffèrent, ne connaissent pas la même augmentation de fréquence de l'allèle S appuie l'idée selon laquelle les pratiques culturelles humaines sont un moteur de l'évolution humaine.

Autre exemple : celui de la tolérance au lactose chez l'adulte. La proportion sur le Globe d'adultes que la consommation de produits laitiers ne rend pas malades et la fréquence des gènes associés à cette tolérance varient fortement avec le développement de la production laitière. La fréquence des gènes qui permettent l'absorption du lactose chez l'adulte est de 90 % pour les populations qui fabriquent des produits laitiers de longue date. Elle est inférieure à 20 % pour celles qui n'ont pas développé cette pratique. Des analyses comparatives récentes ont révélé que l'élevage laitier est apparu avant le développement de ces gènes. C'est donc presque certainement cette pratique qui a créé la pression de sélection les ayant favorisés, et non l'inverse. Ces gènes semblent donc constituer une signature génétique d'une expérience de construction de niche : la production laitière.

Un troisième type d'interactions survient si une réponse génétique à une construction culturelle de niche influence directement les capacités d'une population à développer des réponses culturelles. Dans ce cas, les deux signatures, génétique et culturelle, peuvent être associées.

Prenons l'exemple étudié par Leslie Aiello et Peter Wheeler. Ces chercheurs ont noté que la diminution de la taille des intestins chez les hominidés coïncidait avec l'augmentation du volume du cerveau. Ils suggèrent que les pratiques culturelles, telles la chasse ou la consommation de charognes, ont conduit à favoriser le régime carné et rendu inutiles les longs intestins associés au régime herbivore. L'énergie ainsi économisée a pu être consacrée à la fabrication de matière cérébrale. Un néocortex plus important a probablement permis aux hominidés d'inventer de nouveaux procédés plus perfectionnés comme la cuisson des aliments, favorisant elle-même la réduction des intestins et, parallèlement, le développement du cerveau.

RÉSISTANCE AUX ANTIBIOTIQUES

Un autre exemple d'interaction entre réponses culturelle et génétique existe en recherche médicale, avec des conséquences préoccupantes. La découverte de la pénicilline par Alexander Fleming et le développement des antibiotiques, une avancée considérable contre une large gamme de maladies, ont eux-mêmes engendré de nouveaux défis. Des souches « supermutantes » de ces maladies, qui résistent à 80 % des antibiotiques utilisés dans les hôpitaux, sont apparues. Apparition qui lance une nouvelle course aux armes « évolutives » – pas seulement entre nous et les bactéries, mais aussi entre nos propres réponses culturelles et biologiques. Si les recherches médicales échouent dans leur quête d'une nouvelle famille d'antibiotiques, les seuls humains qui subsisteront seront ceux dotés d'une résistance naturelle à ces « supermutants ». De même, en Afrique, certaines prostituées qui ne montrent aucun symptôme du sida, bien qu'ayant été en contacts réguliers avec des clients infectés, semblent résistantes au HIV. Jusqu'à la mise au point d'un traitement efficace de la maladie ou d'un vaccin (boucle 1), tout génotype résistant augmentera en fréquence (boucle 2).

Bactéries et autres micro-organismes mis à part, la plupart des créatures vivantes ne peuvent se maintenir face au rythme frénétique des constructions de niches humaines. Nos propres activités peuvent nous causer sans fin de nouveaux problèmes. Mais au moins avons-nous les moyens de réagir vite. Ce n'est pas le cas des innombrables organismes dont nous avons bouleversé l'univers. Les pandas et les tamarins lions (petits singes des forêts tropicales) dont on a détruit l'habitat n'ont pas la possibilité de planter des forêts de bambous ou de fabriquer des arbres en plastique. Il n'y a rien d'inhabituel à ce qu'une espèce concurrence une autre pour des ressources vitales, mais la construction de niche humaine a conduit à l'extinction de nos espèces compagnes à une cadence sans précédent. L'homme de Neandertal en a probablement aussi fait les frais, ne possédant pas la capacité d'adaptation culturelle suffisante pour relever les défis lancés par « *Homo nicheconstructus* ».

PUISSANCE FATALE ?

D'où la sinistre question : l'homme peut-il provoquer sa propre fin ? Il y a deux raisons de penser que c'est une éventualité. Premièrement, la culture augmente aussi fortement l'aptitude à la destruction de niche, illustrée de manière alarmante par nos guerres de « haute technologie ». Deuxièmement, les adaptations culturelles pouvant aller bien plus vite que les adaptations génétiques, elles pourraient lancer de nouveaux défis environnementaux auxquels les processus génétiques n'auront pas le temps de répondre.

Pour échapper à une telle autodestruction, le plus réaliste est de s'adapter rapidement à un changement d'environnement culturel par un autre changement du même type. Mais cette solution n'est pas non plus sans poser de problèmes. Tout d'abord, une population humaine peut ne pas reconnaître l'origine culturelle d'une pression de sélection et, par conséquent, ne rien faire pour tenter de la contrer.

Ce fut le cas des populations Fore en Nouvelle-Guinée Papouasie, qui ont maintenu leur tradition de cannibalisme alors que se transmettait ainsi la maladie mortelle du kuru, une encéphalopathie. Ensuite, on l'a vu, la solution technologique pour s'adapter peut ne pas être disponible ou simplement être trop coûteuse. Enfin, répondre à un changement culturel par un autre risque de nous entraîner dans une boucle sans fin dans laquelle une nouvelle solution crée un autre problème à un rythme toujours plus rapide. On l'aura compris, la construction culturelle de niche est si puissante qu'elle pourrait malheureusement nous être fatale.

K.N. L. et I. C.

LES REPAS DES PREMIERS HOMINIDÉS

Alain GALLAY

Comment les archéologues peuvent-ils reconstituer les comportements alimentaires des premiers hominidés à partir des vestiges que ceux-ci ont laissés ? Étaient-ils plus proches de ceux des charognards de la savane africaine, des chimpanzés, ou des derniers chasseurs-cueilleurs ? La relecture des polémiques des trente dernières années montre qu'il n'y a peut-être pas qu'une seule réponse.

La recherche sur les origines de l'homme suit deux voies, le plus souvent parallèles : celle des paléontologues et celle des archéologues. Les paléontologues s'intéressent à l'aspect morphologique de l'hominisation, c'est-à-dire à l'apparition progressive des traits anatomiques caractéristiques de notre espèce : forme et taille de la boîte crânienne, bipédie, main avec pouce opposable, dimorphisme sexuel... Ils se rendent compte aujourd'hui que de nombreuses espèces, proches mais différentes, ont coexisté et se sont succédé, notamment en Afrique, entre 5 et 0,5 million d'années. Elles avaient des aptitudes sensiblement équivalentes et occupaient probablement aussi en partie les mêmes niches écologiques.

Les archéologues tentent, eux, la reconstitution des comportements techniques et écologiques de nos prédécesseurs, en y distinguant, si possible, la part des choix « culturels » de celle des contraintes biologiques et environnementales. Ils ont identifié, dans des sites aussi anciens que 2,6 millions d'années, les premiers vestiges d'activités pratiquées par certaines de ces espèces : des pierres grossièrement fracturées, associées à des ossements d'animaux portant des traces de découpe et d'écrasement. Quelles que soient les espèces qui en sont à l'origine, ces vestiges permettent de poser une question essentielle : comment les hominidés anciens se comportaient-ils dans les domaines fondamentaux de la vie que sont l'acquisition et la consommation de nourriture, les relations sociales, la communication entre individus, etc. ?

Les réponses à cette question rencontrent toutefois un important obstacle épistémologique. Lorsqu'ils s'intéressent à des traces laissées par l'homme moderne, fût-il très ancien, les archéologues peuvent raisonner en se référant aux sociétés actuelles, ou aux descriptions laissées par les historiens, les géographes et les explorateurs. C'est en revanche totalement impossible pour les périodes qui nous préoccupent ici. En effet, outre que les espèces étaient différentes de la nôtre, les vestiges découverts ne concordent pas avec ceux qu'ont laissés les sociétés de chasseurs-cueilleurs qui ont vécu dans la dernière centaine de milliers d'années. Ils témoignent de comportements originaux n'ayant, aujourd'hui, aucun équivalent exact chez l'homme ou chez les primates non humains.

Mon activité archéologique me conduit à m'interroger sur les problèmes épistémologiques soulevés par la reconstitution du passé. J'ai pensé que la question du mode de vie des anciens hominidés révélerait, de façon exemplaire, les difficultés et les limites d'une démarche historique qui ne peut pas s'appuyer directement sur des analogies tirées du présent. Il s'agissait de mieux comprendre comment, dans une situation aussi originale et aussi éloignée du présent, des comparaisons avec la réalité actuelle portant sur des secteurs limités, par exemple les modalités d'action des prédateurs sur leurs proies, pouvaient déboucher sur une vision plausible de la réalité passée.

N'étant pas spécialiste de cette période de la préhistoire, j'ai relu la plupart des travaux publiés depuis trente ans. Cela m'a permis de retracer les principales étapes de la recherche sur le comportement des anciens hominidés tailleurs d'outils, et d'analyser les débats parfois violents qui l'ont animée. Mon regard extérieur m'a aussi conduit à proposer une nouvelle vision du développement comportemental de ces anciens hominidés. En particulier, l'évolution de la structure des sites d'occupation entre 2,6 et 0,5 million d'années semblait avoir jusqu'à présent échappé à la plupart des chercheurs.

CHASSEURS-CUEILLEURS

La première monographie consacrée au sujet date de 1971. Elle est publiée par Mary D. Leakey, du Museum national du Kenya, et est consacrée aux recherches entreprises depuis le début des années 1930 dans la gorge d'Olduvai, en Tanzanie. On y apprend que des outillages taillés sont présents dès 1,9 million d'années, en concentrations d'extension variable, associés à des os brisés appartenant notamment à diverses espèces d'herbivores.

Sur le plan comportemental, M. Leakey interprète ces vestiges en se référant aux chasseurs-cueilleurs actuels. Selon elle, les hominidés qui fabriquaient les outils les utilisaient sur des emplacements particuliers, « camps » ou sites de boucherie, où ils transportaient aussi de la viande pour une consommation collective. En outre, l'analyse des traces d'incision observables sur les os et les parties du squelette rapportées sur les sites montre que les hominidés découpaient sans difficulté les carcasses des animaux qu'ils avaient tués ou, plus vraisemblablement, qui avaient été chassés par les grands félidés. Ils consommaient donc de grandes quantités de viande crue.

En 1976, Glynn L. Isaac, de l'université de Berkeley, adapte et développe l'interprétation de M. Leakey en se fondant sur le mode de vie des Bochimans Kung du désert du Kalahari, en Afrique du Sud. G. Isaac, qui travaille essentiellement sur des sites de l'Est-Turkana, au Kenya, datés de 1,8 à 1,5 million d'années, regroupe les concentrations de vestiges en trois catégories. Les sites de type A, concentrations de pierres taillées, sans restes animaux ou presque, seraient des ateliers de taille, éventuellement proches des sources de matière première. Les sites de type B, qui contiennent des artefacts* associés aux ossements d'un seul animal, éléphant ou hippopotame notamment, sont des sites de boucherie où les hominidés ont découpé la viande d'une carcasse trop imposante pour être transportée dans son intégralité. Les sites de type C, enfin, réunissent des artefacts, et des ossements appartenant à de nombreux animaux différents. Ce type de site, analogue aux campements des chasseurs-cueilleurs, est le centre vital du système.

Deux traits particuliers donnent à ce dispositif fonctionnel et spatial un caractère nettement humain. D'abord, les outils sont à la fois fabriqués et permanents. Ils sont transportés d'un endroit à l'autre en fonction des besoins : de l'atelier de taille au camp, pour y être utilisés dans la consommation de la nourriture ; du camp vers les lieux de chasse ou de charognage, pour prélever les quartiers de viande qui seront ramenés aux emplacements de vie. Ensuite, la nourriture carnée est ramenée quotidiennement au camp, où elle est partagée entre tous, notamment avec les femmes et les jeunes. Les groupes peuvent se disperser à certaines heures de la journée, puis se rassembler la nuit sur les emplacements de vie de type C, appelés *home bases*, et y dormir.

PARTAGE DES TÂCHES

G. Isaac suggère même que la collecte de la viande serait le fait des hommes, et que les femmes assumeraient la cueillette végétale, comme dans certains groupes de chasseurs-cueilleurs.

Il fait de la division des tâches d'approvisionnement et du partage de la nourriture deux des traits essentiels de l'hominisation, en montrant que ces activités devaient favoriser toutes sortes d'interactions sociales.

En 1981, Lewis R. Binford, de l'université du Nouveau-Mexique, publie, sous le titre *Bones : Ancient Men and Modern Myths* (« Os : hommes anciens et mythes modernes ») (Academic Press), un livre explosif, qui remet radicalement en question la vision dominante du comportement des premiers hominidés. Loin d'apparaître comme de puissants chasseurs de bêtes sauvages, ils sont réduits au rang du plus marginal des charognards. L. Binford s'appuie sur des règles écologiques. Il constate qu'on ne rencontre jamais deux espèces qui exploitent exactement la même niche écologique. Les espèces qui, tels le lion, l'hyène, le chacal et le vautour aujourd'hui, occupent approximativement les mêmes habitats et dont les régimes alimentaires sont proches, sont reliées par une chaîne alimentaire continue au sein de laquelle chacune consomme de façon complémentaire et tour à tour, une fraction définie des ressources disponibles.

Selon L. Binford, de la même façon, les premiers hominidés et les hyènes exploitaient complémentairement les restes des proies abandonnées par les grands félidés. L'activité des hominidés se développait sur les sites mêmes où les proies étaient tuées et mangées par les grands prédateurs. Elle ne concernait que de maigres carcasses résiduelles, abandonnées et dispersées. Les parties consommées se limitaient aux membres dépourvus de viande et aux extrémités des pattes, négligées par les autres charognards. Des marteaux de pierre leur permettaient de concasser les os qui avaient résisté aux puissantes mâchoires des hyènes, afin d'en extraire la moelle.

En appliquant son approche aux données d'Olduvai publiées par M. Leakey, L. Binford ne trouve aucune preuve que les hominidés transportaient leurs proies vers un hypothétique camp de base. En outre, il récuse le partage de la nourriture, car l'extraction de la moelle et sa consommation directe sont obligatoirement des activités individuelles. Les sites fouillés ne sont donc pas des campements, et les concentrations d'ossements brisés et de pierres résultent du cumul de plusieurs épisodes successifs d'activités sur les lieux mêmes des tueries, souvent à proximité des points d'eau.

Entre 1986 et 1988, une violente polémique oppose, dans la revue *Current Anthropology*, L. Binford à Henry T. Bunn et à Ellen M. Kroll, de l'université du Wisconsin. Ces derniers pensent que les hominidés avaient accès aux carcasses, alors qu'elles comportaient encore une grande quantité de viande consommable. La revue met un terme à la discussion en 1988, sur ce que l'on peut considérer comme un match nul, aucun des auteurs n'apportant d'arguments décisifs.

La même année, Richard Potts, du Musée national d'histoire naturelle de Washington, reprend l'ensemble des données des périodes anciennes d'Olduvai et propose une troisième interprétation originale dite des « caches de pierres ». Comme ses prédécesseurs, il fonde son modèle sur l'observation du monde actuel. Il innove toutefois, en se tournant du côté des chimpanzés, nos plus proches parents survivants.

Des observations effectuées dans la forêt de Tai, en Côte-d'Ivoire, montrent que les chimpanzés de cette région utilisent régulièrement des outils rudimentaires, notamment des pierres et des tronçons de branches d'arbre, pour casser les noix très dures dont ils se nourrissent. Comme les pierres utilisables sont rares dans ce milieu forestier, les chimpanzés les transportent le plus souvent aux pieds des arbres, où se trouvent les noix destinées à être cassées.

Par analogie, R. Potts propose que les hominidés qui découvraient une carcasse la transportaient vers des lieux où des pierres étaient disponibles. Ce transport a évidemment un coût énergétique. Des simulations effectuées sur ordinateur montrent qu'une façon de minimiser ce coût, pour la récupération de carcasses dispersées au hasard dans le paysage, est la concentration préalable d'outils sur plusieurs sites, nommés caches de pierre.

Comme les chimpanzés aujourd'hui, les hominidés anticipaient leurs besoins en se fondant sur une expérience préalable de la collecte, et leur comportement concentrait la production des débris de nourriture. Chez les hominidés, le transport des pierres avait lieu sur de plus grandes distances, et l'on peut admettre que, contrairement à ce qui se produit pour les singes, un certain délai séparait le transport et l'utilisation. En outre, chez les chimpanzés, la plus grande partie de la nourriture n'est pas transportée, mais consommée sur place : seules les pierres sont acheminées sur les emplacements où les noix sont disponibles, ce qui n'aboutit pas à des concentrations de pierres identifiables par les archéologues.

DÉCOMPOSITION SUIVIE

L. Binford avait ouvert une voie pleine de promesses en se tournant résolument vers le présent pour tenter d'y découvrir les moyens d'interpréter le passé, position que l'on retrouve chez R. Potts. Depuis, le débat s'est enrichi. Il porte aujourd'hui sur la réalisation de tests semi-expérimentaux, de portée beaucoup plus limitée que les grandes synthèses des années 1970 et 1980, construits à partir d'observations effectuées sur le comportement des prédateurs et des charognards de la savane actuelle. Il est en effet essentiel de préciser les relations liant certains comportements animaux et la nature des vestiges osseux abandonnés. Est-il possible, à partir des restes abandonnés en fin de chaîne alimentaire, de restituer l'ordre d'intervention des divers acteurs, y compris l'homme, dans l'exploitation d'une carcasse ? Quels sont les os du squelette qui subsistent ? Quelle est la nature des cassures affectant ces derniers ? Quelles traces de dents ou de découpe d'origine humaine peut-on identifier ? Les résultats de ces expériences permettront certainement de préciser l'importance relative de l'activité des carnivores et des hominidés dans la formation des sites sur lesquels ces derniers ont apporté leurs artefacts de pierre et ont consommé de la nourriture d'origine animale.

En attendant ces données nouvelles, j'ai pensé que l'on pourrait poursuivre l'exploitation de celles qui ont déjà été accumulées. Dispersées dans de nombreux ouvrages et monographies, elles n'avaient peut-être pas livré toutes les informations qu'elles contenaient. Je les ai alors réexaminées d'un point de vue purement archéologique. Mon attente n'a pas été déçue : cette relecture révèle que la structure des sites d'occupation a évolué de façon significative entre 2,6 et 0,5 million d'années. Tous les sites antérieurs à 1,8 million d'années témoignent d'activités strictement identiques. Il ne semble pas y avoir d'emplacements distincts où se seraient déroulées des activités particulières, ni sur l'ensemble des sites ni à l'intérieur de ceux-ci.

SITES DE BOUCHERIE

Les concentrations d'ossements observées ne résultent toutefois pas de l'accumulation de morts naturelles, car on y trouve des individus de nombreuses espèces provenant de milieux écologiques variés. En outre, les fragments osseux en connexion anatomique y sont rares et de petite taille. Les animaux morts ont donc probablement été apportés dans ces sites afin d'y être découpés. Par ailleurs, des remontages effectués avec les éclats de pierre montrent que ceux-ci ont été débités sur place.

L'état d'altération des ossements indique qu'ils sont restés relativement longtemps à l'air libre avant d'être enfouis dans les sédiments. Une fréquentation des mêmes sites sur des durées de cinq à dix ans est ainsi plausible. Ces emplacements devaient présenter certains avantages, par exemple la présence d'arbres, qui fournissaient de l'ombre et un refuge potentiel à l'abri des prédateurs, en cas de danger ou pour passer la nuit.

D'une manière générale, la situation observée est donc très différente de celle des primates non humains actuels : aucun groupe de primates ne transporte, même de façon irrégulière, de la nourriture ou des matériaux sur des emplacements particuliers. Les sites se différencient aussi de ceux des chasseurs-cueilleurs des périodes récentes par l'absence de focalisation sur des emplacements de feu, l'absence de distinctions claires entre zones d'activité et zones de rejet, une densité généralement plus faible de vestiges, l'absence de traces en relation avec des abris construits, et enfin l'absence d'aires d'activité spécialisée, pour la taille de la pierre ou la boucherie par exemple.

A partir de 1,8 million d'années, on possède la preuve, grâce à l'étude des microtraces observables sur les outils façonnés à partir de matériaux à grains fins comme le silex, que certains éclats ne sont plus seulement utilisés pour la boucherie, mais aussi dans des opérations de façonnage d'objets de bois tels que des épieux ou des bâtons à fouir, ainsi que pour couper des herbes. L'occupation du territoire paraît toujours liée aux zones de forêts riveraines, mais l'organisation des activités dans l'espace subit des mutations profondes. On distingue en effet les trois types de sites décrits par G. Isaac (atelier de taille, site de boucherie et *home base*), ainsi que des sites de boucherie rassemblant des carcasses collectées dans un environnement proche.

L'organisation interne des sites ne paraît pas plus élaborée qu'à la période précédente. Les meilleures informations proviennent des *home bases* qui présentent encore des caractéristiques très archaïques. Les concentrations procèdent de la superposition d'activités individuelles, dont il est impossible de dire si elles impliquent ou non des interactions sociales particulières. Les concentrations de vestiges pourraient être, comme à la période précédente, en relation avec des arbres fournissant de l'ombre et un refuge potentiel : un site était fréquenté tant que l'arbre était présent, c'est-à-dire pendant quelques dizaines d'années. Les indices d'abris construits sont quasi inexistants, mais la présence du feu est possible. Un gisement antérieur à

1 million d'années, sur la rive orientale du lac Turkana, en a livré des traces non équivoques. L'emplacement recèle deux zones aux sédiments oxydés témoignant de feux renouvelés pendant trois ou quatre jours. Ils permettaient peut-être d'éloigner les prédateurs, une situation nouvelle assurant pendant la nuit la sécurité à terre des hominidés, qui n'étaient ainsi plus contraints de dormir dans les arbres.

A la période suivante, entre 1,5 et 0,5 million d'années, la taille de la pierre évolue fortement : c'est l'époque des industries lithiques dites acheuléennes. Les hominidés savent désormais détacher d'un bloc des éclats peu épais à l'aide de percuteurs de bois ou d'os, et façonner des outils répondant à des plans préétablis. Ces opérations impliquent la présence de schémas conceptuels précis guidant les différentes étapes de la fabrication.

Les données réunies sur l'habitat proviennent de plusieurs sites qui occupent des situations topographiques variées : terrasses fluviatiles, proximité de chenaux de drainage secondaires, plaines d'inondation proches de lacs disparus, etc. Des sites commencent à refléter des activités distinctes. Un premier ensemble, correspondant aux anciennes *home bases*, portait sans doute des structures d'habitation élémentaires. Des traces de feu sont présentes, quoique très discrètes.

Un second ensemble regroupe des emplacements présentant une très forte densité de bifaces* de belle facture, mais une quantité négligeable de restes osseux. Ces sites, peut-être des ateliers de taille, peuvent être associés à des zones de plaine d'inondation, mais sont très fréquemment liés à des chenaux de ruissellement très riches en galets de roches volcaniques.

La troisième catégorie comprend des sites caractérisés par l'association d'une faune relativement abondante et d'un outillage composé essentiellement d'éclats, de bifaces grossiers résultant de la retaille des bifaces produits sur les ateliers de taille, ainsi que de choppers* de facture archaïque taillés sur des galets trouvés à proximité. On peut les considérer comme des sites où se concentre une activité bouchère qui n'est pas obligatoirement associée à un *home base*. Comme à la période précédente certaines découvertes de squelettes isolés de gros herbivores associés à des outils proviennent de l'exploitation d'animaux morts plutôt que de la chasse.

Enfin, les hominidés auraient recherché du sel pour compléter leur alimentation. A Olduvai, un emplacement daté de cette période comprenait en effet vingt-sept dépressions circulaires, creusées intentionnellement, qui permettaient d'évaporer la saumure et d'extraire le sel.

Les sites témoignent donc d'une organisation déjà complexe de la vie économique et sociale comportant diverses activités clairement séparées dans l'espace et se rapprochant peu à peu du modèle des chasseurs-cueilleurs actuels. Cette complexification progressive de la fonction des sites et donc des comportements en relation avec la quête et le traitement de la nourriture, semble, répétons-le, avoir échappé à l'attention des archéologues. Ainsi, le caractère inconciliable des thèses avancées par L. Binford et G. Isaac ne proviendrait-il pas simplement du fait que ces chercheurs parlaient de sites d'époques différentes ? L. Binford avait en effet construit son modèle en utilisant surtout des données provenant des sites les plus anciens des gorges d'Olduvai, tandis que G. Isaac s'appuyait, lui, sur ses recherches dans l'Est-Turkana, où les sites sont plutôt postérieurs à 1,8 million d'années.

La présence d'artefacts de pierre taillée et l'apparition progressive de comportements techno-économiques différenciés et structurés dans l'espace évoquent l'émergence de ce que les ethnologues appellent la culture. Néanmoins, plusieurs difficultés apparaissent immédiatement à cette évocation. D'abord, le foisonnement des espèces rend quasi impossible l'identification des hominidés qui ont fréquenté les sites de vie décrits : toute comparaison rigoureuse entre productions matérielles et formes biologiques est hors de portée. En outre, dans les premières phases de développement des hominidés, le parallélisme semble étroit entre l'évolution biologique, notamment l'augmentation de la taille du cerveau, et l'évolution que nous avons cru déceler dans les comportements techno-économiques et écologiques. Si la culture est la part de variation des comportements à l'intérieur d'une espèce, nous sommes aujourd'hui totalement démunis pour en rendre compte.

CULTURE INACCESSIBLE ?

Les données ne permettent pas aujourd'hui de distinguer les parts respectives des évolutions biologiques et culturelles dans le comportement des hominidés entre 2,6 et 0,5 million d'années. Le permettront-elles un jour ? Observateur extérieur, je suis frappé par l'indigence de la documentation touchant aux aspects proprement archéologiques de l'origine de l'homme (compréhension des techniques de taille de la pierre, structuration des sites de vie, etc.) malgré les moyens considérables engagés dans la recherche de nos origines dans cette région du monde. Les motivations des chercheurs qui ont sillonné les rifts est-africains semblent dominées, à quelques exceptions près, dont les auteurs que j'ai cités, par la recherche exclusive de fossiles humains. Pour progresser dans ce domaine crucial pour la compréhension de nos origines, on gagnerait sans doute à la poursuite et à la multiplication des fouilles archéologiques sur d'anciens sites de vie et à une utilisation plus rationnelle des démarches actualistes croisées faisant appel à l'éthologie, et à l'écologie des primates et des autres occupants de la savane.

A. G.

VIOLENCE ET SOLIDARITÉ DANS LES GROUPES DE NÉANDERTALIENS

Romain PIGEAUD

Il y a environ 36 000 ans, un homme de Neandertal a reçu un coup violent qui lui a fracturé le crâne : c'est l'un des premiers témoignages de violence entre humains. Mais ce squelette révèle aussi l'un des plus anciens actes de solidarité : le blessé a été soigné et assisté le temps d'être remis sur pied.

L'homme de Neandertal découvert en 1979 à Saint-Césaire, en Charente-Maritime, n'en finit pas d'être tiraillé dans des controverses scientifiques sur la sauvagerie et l'humanité des hommes préhistoriques. Dès 1981, François Bordes, de l'université Bordeaux-I, proposa que ce squelette incomplet, trouvé dans une fosse au milieu de restes animaux, constituait les restes d'un repas consommé par des hommes modernes, nos ancêtres Cro-Magnon, qui auraient chassé là le néandertalien comme ailleurs le renne ou le mammouth. Avec cet individu, on avait en effet retrouvé des outils caractéristiques de la culture châtelperronienne, ce qui heurtait profondément les convictions établies : la majorité des préhistoriens pensait que cette culture, dont on retrouve en France des vestiges de 36 000 à 30 000 ans environ, avait été produite par l'homme de Cro-Magnon. La forme et la complexité des outils du Châtelperronien, ainsi que la présence d'objets de parure tels que des perles – considérées à l'époque comme trop « évoluées » pour des néandertaliens – rattachent en effet cette culture au Paléolithique supérieur.

Bernard Vandermeersch, à l'époque à l'Institut Max-Planck de Leipzig, a depuis fait justice de l'hypothèse cannibale, en démontrant que le squelette ne présentait aucune trace de découpe. En outre, en 1996, Jean-Jacques Hublin, aujourd'hui à l'université Bordeaux-I lui aussi, et ses collègues ont conclu qu'un morceau d'os temporal découvert par André Leroi-Gourhan au début des années 1960 dans un autre site châtelperronien, la grotte du Renne, à Arcy-sur-Cure dans l'Yonne, avait également appartenu à un néandertalien. L'homme de Saint-Césaire a donc été accepté au fil des années comme l'une des principales preuves que les néandertaliens avaient suivi, peu avant leur disparition il y a environ 30 000 ans, une évolution culturelle homologue à celle des Cro-Magnons. La tendance actuelle est d'ailleurs à une réhabilitation de Neandertal comme un être intelligent et sensible : n'enterrait-il pas déjà ses morts ? A Shanidar, en Irak, il aurait même déposé des fleurs dans une tombe.

FRACTURE DU CRÂNE

La violence vient toutefois de resurgir à propos du néandertalien de Saint-Césaire. En examinant son crâne à l'aide d'une reconstruction assistée par ordinateur, Christoph Zollikofer et Marcia Ponce de Leon, de l'institut d'anthropologie et du laboratoire multimédia de l'université de Zurich, ont découvert une fracture de 68 millimètres de long dans la voûte crânienne. Cette fracture serait due à un coup porté par un objet pointu.

VIOLENCE VOLONTAIRE

On savait déjà que la vie de chasseur-cueilleur au Paléolithique n'était pas de tout repos, et que peu d'individus devaient vivre au-delà de 45 ans. Ce n'est pas la première fois que les anthropologues relèvent des signes de blessure chez des hommes préhistoriques. Le premier spécimen de néandertalien, retrouvé en 1856 dans la grotte de Feldhofer, en Allemagne, porte une fracture, ressoudée, du cubitus gauche. A Shanidar, un autre néandertalien, d'environ 50 000 ans, présentait des fractures cicatrisées de la tempe gauche (ce qui l'avait rendu borgne) et du bras droit (devenu atrophié et inutilisable) ; il était aussi probablement manchot du côté droit (les os de la main et de l'avant-bras manquent). Plus anciennement, un jeune *Homo erectus* de 500 000 ans, trouvé sur le site de Sangiran, à Java, présentait une fracture de la mâchoire, elle aussi reconsolidée.

Mais l'homme de Saint-Césaire est un cas particulier : c'est le seul exemple indiscutable de violence volontaire au Paléolithique. La forme de l'impact exclut en effet qu'il soit dû à une chute accidentelle ou à un animal : l'individu était debout lorsque son crâne a été heurté. « On » lui a tapé sur le crâne. Qui ? Un envahisseur Cro-Magnon ? Un néandertalien d'un clan opposé ? Un « frère » de la même bande ?

Simultanément, l'homme de Saint-Césaire témoigne aussi d'une certaine douceur dans ce monde de brutes. Sa fracture s'est en effet cicatrisée, et il a donc survécu à sa blessure au moins quelques mois sans qu'elle ne s'infecte. La sévérité du coup porté avait pourtant probablement entraîné une forte hémorragie, une commotion cérébrale, voire le coma. Un héros d'Homère se serait soigné tout seul. Mais il est plus raisonnable d'envisager que celui-là a été secouru et pris en charge par son groupe.

De même les congénères de *l'Homo erectus* de Sangiran à la mâchoire brisée l'ont probablement aidé à survivre en lui fournissant de la bouillie au cours de sa convalescence. Et sur le site de Bau de l'Aubesier, dans le Vaucluse, il y a environ 180 000 ans, un autre néandertalien, souffrant d'infections dentaires qui lui avaient déchaussé les dents, aurait été maintenu en vie de la même façon. Enfin, outre ses multiples fractures, l'individu de Shanidar présentait des dégénérescences pathologiques du pied droit et du bas de la jambe droite. Autant dire qu'il était inapte à la chasse. Et pourtant, il a survécu et est mort relativement âgé pour l'époque, à plus de 30 ans. C'est donc qu'il a été soigné, puis assisté.

PARADIS PERDU ?

Une conjonction de violence et de solidarité s'impose donc progressivement dans notre conception des sociétés paléolithiques. Devons-nous nous en étonner ? Dans la nature, les querelles au sein d'une même espèce sont monnaie courante. Il suffit de penser aux combats des cerfs à la saison des amours ou aux querelles des hyènes autour des charognes. Le comportement agressif permet aussi, selon l'éthologiste Konrad Lorenz, d'éviter la trop grande présence d'une même espèce sur un territoire, donc un épuisement des réserves alimentaires. Les poissons de corail, par exemple, font preuve d'une grande agressivité uniquement à l'encontre de leurs congénères qui s'approchent trop de leur trou.

La solidarité de groupe n'est pas non plus spécifique à l'être humain. Comme le remarquait encore Lorenz : « *Quelques-uns des oiseaux et des mammifères les plus intelligents et les plus sociables réagissent d'une façon très dramatique à la mort subite d'un des membres de leur espèce. Les oies cendrées restent, les ailes étendues et en sifflotant, auprès d'un ami mourant pour le défendre.* »

Pourquoi alors semblons-nous surpris d'apprendre, par exemple, qu'à Krapina, en Croatie, ou dans la Baume de Moula-Guercy, en Ardèche, des néandertaliens auraient mangé leurs semblables ? Qu'à Saint-Césaire, un homme fut brutalisé par un autre ? Et à l'inverse, que parfois les hommes de la Préhistoire pouvaient faire preuve d'« humanité » ? Peut-être parce que ces découvertes nous empêchent d'avoir une vision tranchée et réconfortante de notre passé, paradis perdu ou époque de barbarie à jamais révolue. Les actes de nos ancêtres rentrent dans le cadre normal des processus de la sélection naturelle, où une pulsion d'agressivité est aussi nécessaire qu'un instinct d'entraide collective. Et nous ne sommes, du coup, pas meilleurs qu'eux, comme nous voudrions le croire.

R. P.

DU GRAIN À MOUDRE SUR LES NÉANDERTALIENS

Sophie ARCHAMBAUD DE BEAUNE

Des outils à usage domestique, des meules, objets qui remontent à l'invention de l'agriculture il y a environ 8 000 ans, sont retrouvés en grandes quantités en Europe et en Asie. Mais les archéologues en découvrent aussi quoique plus rarement pour la période du Paléolithique supérieur, qui a commencé en Europe il y a environ 40 000 ans. L'étude récente de meules (perdues pendant trente-cinq ans), datées d'environ 32 000 ans, ne seraient donc pas exceptionnelles si leurs utilisateurs n'avaient été des hommes de Neandertal : ce sont les premières meules utilisées par des représentants d'une espèce différente de la nôtre. Leur étude apporte un éclairage nouveau sur les comportements des derniers néandertaliens et sur leurs relations avec les hommes de Cro-Magnon.

En 1964, André Leroi-Gourhan mentionne la découverte, lors des fouilles de la grotte du Renne, à Arcy-sur-Cure, dans l'Yonne, de « trois authentiques meules plates » de granite polies par l'usage. Elles ne sont pas étudiées à l'époque, les préhistoriens s'intéressant plus aux silex taillés. Elles tombent ensuite doucement dans l'oubli, à tel point que, lorsque je souhaite les examiner, au début des années quatre-vingt-dix, plus personne ne sait où elles se trouvent. Les vestiges recueillis lors de la fouille ont été dispersés en plusieurs lieux : Collège de France, musée de Nemours, musée d'Avallon, domiciles de préhistoriens… Malgré leur volume, ces trois pièces demeurent introuvables. Ce n'est qu'en 1999, à la faveur du regroupement et du transfert de l'ensemble du matériel à la Maison de l'archéologie et de l'ethnologie, à Nanterre, qu'elles « réapparaissent », mélangées aux collections de pierres taillées. Impossible de savoir avec certitude où ces objets ont passé les trente-cinq années qui nous séparent alors de leur découverte !

Ces quatre meules (et non trois) sont bien en granite, et deux seulement sont entières. Les traces qu'elles portent sur leurs surfaces ne laissent aucun doute quant à leur usage. Ajoutons qu'elles étaient accompagnées d'une bonne douzaine de broyeurs utilisés sur un ou plusieurs flancs, avec des surfaces d'usure très nettes, des stries plus ou moins profondes et abondantes.

DES OUTILS PARTAGÉS

Depuis leur découverte, ces meules ont fortement gagné en intérêt, grâce aux évolutions des recherches préhistoriques. Elles proviennent en effet d'un niveau de la grotte du Renne dans lequel les outils de silex taillé sont caractéristiques de la culture châtelperronienne. En 1964, on pensait que cette culture, que l'on trouve entre 36 000 et 30 000 ans environ, était associée à l'homme moderne, Cro-Magnon, arrivé en Europe il y a environ 40 000 ans. On sait aujourd'hui qu'elle a en fait été produite par l'homme de Neandertal, descendant des premiers *Homo erectus* arrivés en Europe il y a plus d'un million d'années.

Ainsi, les néandertaliens utilisaient-ils des meules comme les hommes de Cro-Magnon de culture aurignacienne, leurs contemporains. On a trouvé, par exemple, à la grotte des Hyènes, à Brassempouy, dans les Landes, site aurignacien daté d'environ 32 000 ans, une grande plaque de grès ferrugineux de 35 à

40 centimètres de long sur 25 centimètres de large, couverte de vigoureuses stries d'abrasion longitudinales.

Ce n'est pas le premier trait culturel inconnu dans les périodes précédentes et partagé par les Aurignaciens et les Châtelperroniens. Il en est ainsi des modes de débitage du silex, de l'usage de sagaies et de poinçons en os, et de la possession d'objets de parure. Ce sont d'ailleurs ces similitudes qui justifient le classement du Châtelperronien dans le Paléolithique supérieur, et qui l'avaient fait attribuer à l'homme moderne.

L'origine de ces innovations communes est aujourd'hui fortement controversée. Plusieurs scénarios ont été proposés pour l'expliquer. La majorité des préhistoriens, tels Paul Mellars, de l'université de Cambridge, ou Jean-Jacques Hublin, de l'université Bordeaux I, admettent communément que les néandertaliens seraient moins évolués techniquement, et auraient emprunté techniques et idées aux hommes modernes nouvellement arrivés du Proche-Orient et mieux équipés qu'eux. Il est vrai que les néandertaliens acquièrent des comportements qu'ils n'avaient jamais eus auparavant (comme fabriquer des perles, des pendentifs et des objets gravés), précisément quelques centaines d'années après l'arrivée des hommes modernes en Europe : la coïncidence est troublante !

INFLUENCE ET EMPRUNTS RÉCIPROQUES

À l'opposé, quelques auteurs, tels João Zilhão, au Portugal, et Francesco D'Errico, du CNRS, ont proposé que les hommes de Neandertal avaient les capacités techniques et intellectuelles suffisantes pour développer seuls ces nouveaux comportements, sans copier les Aurignaciens. En arguant des incertitudes dans les datations relatives pour les sites de ces périodes, ils suggèrent même que les changements comportementaux de certains néandertaliens auraient précédé l'arrivée des premiers Aurignaciens en Europe. Ils n'excluent pas, d'ailleurs, que ces derniers aient été les vrais imitateurs.

Leroi-Gourhan avait proposé une hypothèse médiane : des inventions indépendantes, mais des influences et des emprunts réciproques. Randall White, de l'université de New York, a donné la meilleure formulation de cette hypothèse, en insistant sur le fait que le Paléolithique supérieur traduit une révolution sociale plutôt que biologique, et que rien n'empêche d'envisager des trajectoires évolutionnistes différentes. Cela expliquerait que, bien que les deux groupes fabriquent des objets semblables, ils le font avec des techniques différentes, que ce soit pour l'appointement de poinçons en os ou le percement de perles.

C'est cette dernière hypothèse qui me semble la plus solide. Après tout, néandertaliens et hommes modernes ont aussi cohabité au Proche-Orient il y a 200 000 à 100 000 ans : ils y ont fabriqué et utilisé les mêmes outils, y ont exploité les mêmes ressources, sans qu'aucun des deux fasse preuve d'une supériorité technique, ni psychique par rapport à l'autre. Il y a plus de 100 000 ans, les deux espèces enterraient leurs morts.

Il faut bien admettre que le concept de culture ne peut plus être assimilé au développement biologique. On peut supposer que, pendant la période charnière de 40 000 à 30 000 ans, toutes les cultures existantes avaient atteint, malgré leurs différences, un stade de maturation suffisant pour créer elles-mêmes un certain nombre d'innovations. Les progrès techniques ou l'expression de la pensée symbolique auraient évolué de façon à peu près synchrone chez les deux types humains.

Les idées et les symboles auraient alors été véhiculés de groupe en groupe, sans qu'il y ait forcément eu de contacts entre hommes modernes et néandertaliens. Il suffit qu'un groupe de néandertaliens ait été intrigué par les parures d'un groupe de Cro-Magnon pour qu'à son tour il produise des pendeloques et des bijoux. Puis cette idée se serait répandue de proche en proche entre les groupes de néandertaliens. Cela expliquerait que les deux groupes aient échangé des idées d'objets sans nécessairement en échanger les techniques. Une dernière explication, d'ordre sociologique, et qui va dans le même sens, est que ces deux populations, si semblables et si différentes à la fois, auraient simultanément et volontairement modifié leurs comportements pour affirmer leur identité.

Revenons aux meules d'Arcy-sur-Cure si opportunément retrouvées. Qu'apportent-elles de neuf à ce débat ? En premier lieu, elles confortent l'authenticité des objets châtelperroniens à « allure » aurignacienne. La grotte du Renne a été occupée successivement par des Châtelperroniens et par des Aurignaciens. Une couche d'occupation aurignacienne surmonte donc la couche châtelperronienne. Or, ces superpositions sédimentaires ont subi quelques bouleversements, en particulier à cause du creusement de terriers par des animaux. Les éléments de parure trouvés dans le Châtelperronien proviendraient-ils, en réalité, de la couche aurignacienne, à cause d'un animal fouisseur ou d'un fouilleur maladroit, comme l'a défendu par exemple Yvette Taborin, de l'université Paris I ? On a du mal à le croire dans le cas d'une meule – ou plutôt de quatre meules – de plusieurs kilogrammes.

En second lieu, ces meules châtelperroniennes montrent que les néandertaliens étaient, comme nous, parfaitement capables de maîtriser le geste de la percussion posée. Un petit broyeur provenant de l'abri de Laussel, en Dordogne, le laissait déjà supposer. Mais que les néandertaliens aient eu les mêmes capacités motrices que nous n'était pas encore évident pour tous. Ainsi, Robin Dennell, de l'université de Sheffield, a-t-il tenté de montrer qu'ils avaient beaucoup moins d'habileté technique et qu'ils ne pouvaient réaliser que de petites séries de gestes simples.

COEXISTENCE PACIFIQUE

Enfin, ces meules sont des outils lourds, encombrants, difficilement transportables et éminemment domestiques. Elles ont leur place dans des campements de base, où elles devaient servir à des usages multiples, tant alimentaire que technique, si l'on en juge par la nature des traces visibles à leurs surfaces. Les éléments de parure et les pointes de silex ont pu circuler dans la besace des chasseurs, mais si le concept de meule a circulé entre Cro-Magnons et néandertaliens, ces objets ont forcément été vus dans l'habitat, où s'effectuaient les tâches domestiques quotidiennes, c'est-à-dire dans le camp de base réunissant l'ensemble du groupe humain, hommes, femmes et enfants. Pourquoi ne pas imaginer alors une coexistence entre néandertaliens et Cro-Magnons, non seulement pacifique mais conviviale, avec échanges de biens et de techniques lors de visites d'un campement à l'autre ?

S. A. B.

L'ÉMERGENCE D'UNE PENSÉE SYMBOLIQUE

LE LANGAGE CRÉE LE LIEN SOCIAL

Robin DUNBAR

Comme les autres primates, nous vivons en groupe. Toutefois, ces groupes sont beaucoup plus grands que ceux formés par les singes, même les plus sociaux. Et, contrairement à eux, nous ne nous épouillons pas mutuellement pour assurer la cohésion du groupe : le langage assure la même fonction de façon beaucoup plus efficace.

Nous sommes des bavards. Tous les jours, nous consacrons une part importante de notre vie éveillée à discuter avec nos congénères. Le langage est un élément essentiel de notre humanité. Nos enfants l'apprennent naturellement et sans effort : un mot nouveau en moyenne toutes les 90 minutes de la vie éveillée entre 3 et 6 ans. A 6 ans, nous sommes presque aussi compétents qu'un adulte dans l'usage de la grammaire, même si nous ne savons pas distinguer consciemment un nom d'un adjectif. Cette faculté est unique dans le règne animal : parmi 4 000 espèces de mammifères et au moins 10 000 espèces d'oiseaux, nous, les humains, sommes les seuls vertébrés supérieurs à posséder un véritable langage. Bien sûr, certains oiseaux nous imitent, et les abeilles échangent des informations en

« dansant », mais aucune de ces espèces n'approche, même de loin, la production de la conversation humaine ordinaire. D'où tenons-nous ce privilège ? Cette question me préoccupe depuis de nombreuses années, et je crois avoir trouvé une théorie satisfaisante. Toutefois, pour l'élaborer, j'ai d'abord dû m'écarter des domaines que les linguistes considèrent traditionnellement comme pertinents pour l'étude du langage. Je me suis en effet intéressé à une particularité du cerveau des singes et des grands singes (nous, les humains, sommes des grands singes, comme les chimpanzés, les gorilles ou les orangs-outans) : les cerveaux de ces primates sont beaucoup plus gros que ceux de tous les autres groupes d'espèces, à masse corporelle identique. Si nous étions dans la norme des mammifères, notre cerveau serait dix fois plus petit.

Pourquoi les primates ont-ils de si gros cerveaux ? Jusqu'à il y a une dizaine d'années, la réponse à cette question était : « Cela favorise l'acquisition de nourriture. » Toutefois, les comportements de subsistance que nous observons chez les primates ne sont pas radicalement différents de ceux des vaches ou des moutons. Les lions ou les loups doivent certainement prendre des décisions beaucoup plus complexes que nous, lorsqu'ils pistent une proie qui rechigne à se laisser prendre. Cette réponse sous-estime aussi le coût biologique du développement et de l'entretien d'un gros cerveau. Notre cerveau, qui contient environ 2 % de notre masse corporelle, contribue pour 15 % à 20 % à notre consommation énergétique. Les mécanismes de l'évolution nous ont dotés de ce gros cerveau, malgré cet inconvénient, parce qu'il nous procurait un avantage adaptatif très grand par rapport aux autres espèces. Lequel ?

En 1991, Richard Byrne et Andrew Withen, de l'université Saint Andrews, à Édimbourg, ont remarqué que les primates vivent dans des sociétés beaucoup plus complexes que toutes les autres espèces.

Selon eux, la coordination des relations entre les individus dans ces groupes sociaux aurait été un facteur décisif dans le développement de gros cerveaux. Cette théorie de l'« intelligence machiavélique », ou du « cerveau social » était toutefois difficile à tester : comment mesurer la complexité sociale ?

La seule donnée relative à la complexité sociale et disponible pour de nombreuses espèces était la taille des groupes. En 1992, j'ai donc rassemblé ces informations, et je les ai comparées à la taille du cerveau des animaux. Toutefois, tandis que tout le monde s'était intéressé à la taille totale du cerveau, j'ai concentré mon attention sur le néocortex, la fine couche externe où se déroule toute l'activité cérébrale consciente. C'est en effet la partie du cerveau qui a le plus grossi pendant l'évolution des primates : de 40 % du cerveau des autres mammifères elle est passée à 50 %, voire 80 %, dans celui des primates. Quand nous nous demandons pourquoi les primates ont de gros cerveaux, nous nous demandons en fait pourquoi ils ont de si gros néocortex.

GROUPES TRIPLES

J'ai ainsi découvert que la taille des groupes sociaux des différentes espèces de primates croît avec celle de leur néocortex. Même les humains suivent cette règle : si nous extrapolons à notre espèce la relation trouvée entre la taille du néocortex et celle des groupes sociaux chez les autres primates, nous obtenons un chiffre d'environ 150, trois fois plus que la taille moyenne des groupes chez les primates les plus sociaux, les chimpanzés et les babouins. Etonnamment, ce chiffre correspond assez bien à la taille des groupes que nous trouvons chez les hommes modernes : les rassemblements claniques des chasseurs-cueilleurs, le nombre de personnes que nous connaissons bien, ou la taille de nombreuses unités d'organisation, dans les entreprises ou dans les armées.

La taille des groupes sociaux n'est pas une mesure très précise de sa complexité, mais elle indique la quantité d'informations qu'un individu doit traiter pour vivre dans le groupe.

Plus ce dernier est grand, et plus chaque membre doit garder de relations en mémoire : ses relations avec les autres membres du groupe, et de ceux-ci entre eux. Le nombre de relations possibles ne croît donc pas linéairement avec la taille du groupe, mais comme le carré de celle-ci ! En outre, les relations sociales se modifient en permanence : les individus se font de nouveaux amis et oublient les anciens ; ils mûrissent, deviennent plus ou moins puissants ou séduisants ; ils changent de statut social ; ils acquièrent un partenaire sexuel ou en changent. La base mentale des relations doit être quotidiennement mise à jour, sous peine de commettre des actions sociales inappropriées à des moments importants.

Toutefois, la connaissance des relations à l'intérieur du groupe ne suffit pas à son bon fonctionnement. Le groupe doit être lié en un tout cohérent, de façon à remplir ses fonctions écologiques. Pour les primates, l'une de ces fonctions est la défense de ses membres vis-à-vis des prédateurs. La volonté de prendre des risques au profit d'un autre repose sur un sens de la communauté, de l'engagement vis-à-vis des autres membres du groupe. Comment les primates établissent-ils ce sens de la communauté ?

Il semble que ce soit par le toilettage social, l'épouillage en l'occurrence. Bien sûr, le toilettage, dont la première fonction est de maintenir la propreté de la fourrure ou du plumage n'est pas l'apanage des seuls primates : presque tous les oiseaux et les mammifères se toilettent, et beaucoup se toilettent mutuellement. Chez les singes et les grands singes, l'épouillage semble toutefois avoir une fonction supplémentaire : ces espèces s'épouillent plus que l'hygiène ne le rendrait nécessaire. En fait, le temps passé à l'épouillage mutuel s'accroît avec la taille du groupe. En outre, les individus qui s'épouillent mutuellement s'entraident plus volontiers contre les agresseurs, à l'intérieur ou à l'extérieur du groupe.

ÉPOUILLAGE RELAXANT

Pourquoi l'épouillage crée-t-il ce lien social ? Peut-être parce qu'il a une fonction relaxante : l'épouillage réduit la tension, ralentit le rythme cardiaque et excelle à déclencher des émissions par le cerveau d'opiacés (des antidouleurs). Ces opiacés naturels sont à l'origine du sentiment de bien-être qui nous envahit après un jogging ou après un massage vigoureux, assez douloureux au départ, puis relaxant à mesure que les opiacés sont relâchés. Les partenaires d'épouillage se sentiraient ainsi plus en confiance en compagnie les uns des autres.

Quelle part de notre temps nous, les humains, devrions-nous consacrer à l'épouillage si nous assurions la cohésion de nos groupes de cette manière ? Une extrapolation des durées relevées chez les primates donne un chiffre supérieur à 40 %. La libération d'opiacés nous assurerait d'être en permanence proches du Nirvana ! Le problème, bien entendu, est que nous ne ferions rien d'autre. En particulier, si nous étions des chasseurs-cueilleurs, nous n'aurions jamais le temps de rechercher notre nourriture.

ÉPOUILLAGE DISTANT

Est-ce pour cette raison que nous ne nous épouillons pas les uns les autres ? Toujours est-il que nous avons trouvé une autre façon de maintenir le lien social : nous parlons. Le principal avantage est que le langage agit comme un « épouillage à distance » : nous continuons à « épouiller » nos congénères alors que nous pratiquons d'autres activités, telles que marcher ou manger.

Le langage nous permet de consacrer autant de temps que les autres singes aux interactions sociales, mais de rendre ce temps plus efficace. Ainsi, des études menées chez des populations agricoles au Népal, en Nouvelle-Guinée et en Afrique de l'Ouest, chez des pasteurs en Afrique de l'Est, et chez des populations de société développée en Écosse révèlent que, quelle que soit notre culture, environ 20 % de notre temps éveillé est consacré d'abord à des conversations. Les singes les plus sociaux consacrent à peu près la même part de leur temps à l'épouillage.

L'efficacité du langage n'est pas seulement liée à la possibilité de mener une autre activité en parallèle. Il a d'autres caractéristiques intéressantes à cet égard. L'une est que nous pouvons parler simultanément à plusieurs personnes à la fois, et avec autant d'efficacité. Au contraire, l'épouillage, chez les primates, est une activité très intense, qui demande beaucoup d'attention et de concentration : un animal qui épouille sans enthousiasme et de manière désinvolte n'a pas beaucoup d'amis.

Le langage nous permet aussi de mieux maîtriser la complexité sociale, en échangeant des informations sur ce que nous ne voyons pas. Les singes ne savent que ce qu'ils ont vu. Si l'un de leurs amis s'est allié secrètement à leur pire ennemi, ils ne le savent qu'au moment où ils lui demandent de l'aide contre cet ennemi. Il est alors trop tard pour échapper aux conséquences. Le langage nous aide à découvrir ce qui se trame dans notre dos, et nous permet d'élaborer des contre-stratégies. Nous pouvons aussi utiliser cette capacité positivement, comme un moyen de faire connaître nos qualités, ou même pour répandre des fausses informations sur ceux que nous voulons discréditer.

Notre capacité à créer des liens par « épouillage vocal » n'est pas infinie. La prochaine fois que vous participerez à une réception, observez la façon dont les assistants discutent entre eux. Une conversation « naturelle » a un fonctionnement alternatif : une seule personne est autorisée à parler à la fois ; les autres écoutent poliment jusqu'à ce que l'orateur laisse la parole à l'un deux. Classiquement, deux personnes entament une discussion ; une troisième se joint à eux, puis une quatrième. Chaque fois, le groupe permet au nouvel arrivant de prendre part à la discussion. Puis une cinquième personne arrive. A nouveau, le groupe se réorganise pour lui permettre de prendre part à la conversation.

Mais je vous garantis qu'au bout de 30 secondes maximum ce groupe se divisera en deux conversations séparées. Nous avons observé ce fait dans de nombreuses situations : quatre, un orateur et trois auditeurs, semble être le nombre maximal de personnes qui peuvent tenir ensemble une conversation cohérente. Si nous voulons parler à des groupes plus nombreux, nous devons imposer le silence à la majorité. Dans une conférence, par exemple, seul l'orateur parle. Tous les autres gardent le silence et ne sont pas autorisés à l'interrompre.

Pourquoi cette limite ? Difficile à dire. En revanche, nous pouvons remarquer que le chiffre de trois auditeurs est cohérent avec la taille moyenne d'un groupe humain, 150, triple de celle du groupe de singes le plus social (55 chez les chimpanzés et les babouins). Tandis que leurs interactions sociales se font deux à deux, les nôtres se font de un à trois, exactement le même rapport qui existe entre les tailles de ces groupes de primates et les nôtres. Ce n'est peut-être qu'une heureuse coïncidence, mais le fait que nous puissions atteindre trois fois plus d'individus dans le même temps permet à nos réseaux, donc à nos groupes sociaux, d'être plus grands.

INFORMATIONS UTILES

Il manquait toutefois encore une pièce au puzzle : si le langage construit des liens sociaux, nous devrions en trouver des traces dans les conversations ordinaires. De quoi parlons-nous donc ? Les travaux de linguistique, de psychologie ou d'anthropologie donnent l'impression que la caractéristique la plus importante du langage est sa capacité à transporter des informations à propos du monde physique. Dans ce cadre, nos ancêtres chasseurs-cueilleurs devaient parler surtout de sujets tels que la fabrication d'une pointe de flèche en silex, le choix de plantes bonnes à manger, la présence d'un bison à chasser près du lac, ou encore l'origine divine du tonnerre.

Mais quelle est la part de nos conversations réellement consacrée à des énoncés de cette nature ? Je formulais l'hypothèse que si le langage avait évolué pour lier les groupes, et si le cerveau des primates est avant tout un cerveau social, alors les sujets sociaux devraient dominer les conversations.

C'est exactement ce que nous avons observé. Nous avons étudié des conversations spontanées dans des lieux divers (cafétérias d'université, bars, trains…) et nous avons découvert que 65 % environ du temps de conversation est consacré à des sujets sociaux : qui fait quoi avec qui, ce que j'aime ou n'aime pas, ce que tu aimes ou n'aimes pas, etc. Une faible proportion était consacrée à des faits (ne parlons pas de science !), à la culture, à la religion, à la politique et même au sport. Sur un grand nombre de conversations, ces sujets apparaissent moins souvent qu'on pourrait s'y attendre. Les conversations sont des événements destinés à mettre de l'huile dans les rouages de la machine sociale. Tous les faits convergeaient : le langage est issu du commérage, du bavardage, de l'échange d'informations sociales générales, sans but utilitaire immédiat.

Enfin, une découverte particulièrement intéressante a été l'absence de différence significative entre les sexes en ce qui concerne la part du temps consacrée au commérage social. Les hommes âgés passent un peu plus de temps que les femmes à parler de sport, mais la différence n'est pas significative. Après tout, beaucoup d'hommes ne parlent jamais de sport, et bien des femmes en sont férues. Le commérage social semble présenter un intérêt équivalent pour les deux sexes.

Décidément, nous sommes bien tous des bavards. Ne le regrettons pas : c'est notre besoin de bavarder qui a fait émerger le langage, et qui est donc à l'origine de tous les aspects de notre culture.

R. D.

L'AUSTRALOPITHÈQUE GRACILE ÉTAIT-IL MUSICIEN ?

Dean FALK

Le réexamen des moulages crâniens d'Australopithèque gracile montre que cet hominidé possédait un cerveau certes très petit mais des pôles temporaux aussi développés que les nôtres. Or c'est cette zone, semble-t-il, qui s'active lorsque nous nommons un visage connu. L'événement qui, selon Dean Falk, marque la naissance du langage et de la musique...

Les spécialistes des neurosciences ont récemment montré, notamment grâce aux techniques d'imagerie médicale, que les zones du cerveau impliquées dans le traitement de la musique et du langage se recouvrent bien plus largement qu'on ne l'imaginait. On peut donc raisonnablement penser que le langage et la musique se sont développés et ont évolué conjointement. Mais de quelle manière et à partir de quand ? Différents niveaux d'observation peuvent nous aider à concevoir un scénario plausible.

HULULEMENT-HALÈTEMENT

Les chimpanzés sont les êtres vivants ressemblant le plus aux humains, notamment sur le plan génétique et comportemental. Observer leurs modes de communication permet donc d'aborder de façon indirecte la question de l'origine commune de la musique et du langage chez les premiers hominidés. Les chimpanzés n'ont pas de sons pour désigner des choses précises mais ils produisent une grande variété de grognements, de soupirs, de glapissements et de cris qui expriment des émotions diverses : la peur, l'étonnement, la satisfaction ou l'insatisfaction devant la qualité d'un aliment... Les sons émis varient légèrement en fonction des populations (un peu comme les accents humains), les mâles adultes de toutes les populations étant généralement les individus les plus « bavards ». Le son le plus caractéristique est un hululement-halètement portant très loin, émis à la fois en inhalant et en exhalant. La primatologue américaine Jane Goodall a notamment montré que ces cris marquent l'identité de leur auteur, permettent de le localiser ou encore de signaler des ressources de nourriture... Elle a également observé que ces vocalisations convergent parfois durant la nuit pour former des sortes de chœurs, qui se font et se défont entre des groupes situés à portée de voix les uns des autres. En même temps qu'ils produisent ces « chants », certains individus (avant tout des mâles) les accompagnent en tambourinant sur de grands arbres avec leurs mains et leurs pieds. Ce comportement que l'on peut qualifier de « protomusical » n'a cependant pas le caractère conscient et intentionnel de la création musicale humaine.

Les chimpanzés utilisent également, pour communiquer, un répertoire varié d'expressions faciales, posturales et tactiles ressemblant beaucoup au langage corporel humain. Ainsi les membres des deux espèces s'accueillent avec des étreintes et des baisers, et se réconfortent à l'aide de tapotements rassurants.

CHANT RUDIMENTAIRE

Les très jeunes chimpanzés communiquent avec leur mère par toutes sortes d'interactions. Ils émettent des sons lorsqu'ils cherchent à téter et durant l'épouillage, le jeu ou le partage de nourriture avec elle. Ils geignent pour demander de la nourriture, « rient » lorsque leur mère les chatouille, et émettent – lorsqu'on les abandonne – des cris de détresse probablement homologues aux pleurs des bébés humains.

De leur côté, les femelles chimpanzés produisent des bruits très doux en examinant leur progéniture, répondent à leurs gémissements par des intonations rassurantes, et émettent spontanément des sons lorsqu'elles recherchent leurs jeunes. Par contre il ne semble pas y avoir de « conversations » durant lesquelles la mère et le jeune interviendraient successivement. Le couple mère-enfant communique également en se regardant, en détournant le regard, par des mouvements de main et des sourires. De nombreux travaux soulignent l'importance des face à face dans les échanges. Remarquons au passage que, contrairement à beaucoup de primates, les femelles chimpanzés ne portent pas leurs jeunes sur le dos.

La communication visuelle, gestuelle et orale de nos lointains ancêtres devait être au moins aussi complexe que celle des chimpanzés actuels et les interactions entre les mères et leurs jeunes devaient jouer un rôle important dans la socialisation. Mais comment cette forme de communication a-t-elle pu évoluer et aboutir à l'émergence des premiers mots et des premiers chants véritablement humains ? Une partie de la réponse est peut-être à rechercher dans les interactions qui unissent aujourd'hui les mères et leurs bébés. On constate par exemple que, comme les mères chimpanzés, les femmes manipulent et caressent doucement leurs bébés. Elles fixent longuement le visage de leurs enfants tout en leur parlant avec une intonation mélodieuse, placée dans les aigus et proche d'un chuchotement hautement musical : ce que les spécialistes appellent le « langage maternel » (en anglais, *motherese*).

En général, la mère ralentit son élocution, articule de façon exagérée et accentue ses mimiques. A travers ce processus, la mère et l'enfant s'imitent et font correspondre leurs expressions ; le bébé apprend à donner à son babil les intonations et les rythmes (la prosodie) qui véhiculent le contenu émotionnel du langage humain.

PREMIERS MOTS

C'est dans ce contexte d'exposition continuelle au « langage maternel », dans ce contexte d'échanges de regards, de forte affectivité réciproque, que les enfants sont conduits à former leurs premiers vrais mots. Le plus souvent, ces premiers mots sont les noms correspondant aux visages de ceux qui ont pris soin de l'enfant et façonné ses interactions sociales, à savoir « Maman ! » ou « Papa ! ». Toujours est-il que l'enfant franchit là un cap : il passe de l'aptitude à traiter les aspects émotionnels et musicaux du langage maternel à la capacité de discerner un niveau supplémentaire de sens, celui qui se cache derrière le code du langage. Une fois qu'un enfant a assimilé l'idée qu'il existe des noms pour les gens, les animaux, les objets et, plus tard, les concepts, le chemin est tout tracé vers le développement d'un langage au plein sens du terme. On peut donc faire l'hypothèse que la capacité à associer un nom à un visage signe l'émergence du langage chez les premiers hominidés.

Reste à dater le phénomène. David Frayer de l'université du Kansas et Chris Nicolay du Kent State University ont récemment examiné différents squelettes d'hominidés et passé en revue la littérature portant sur les bases anatomiques du langage. On sait que plusieurs structures facilitent grandement la parole : le nez pointant vers l'extérieur, source de toutes les sonorités nasales, et le larynx rabaissé, qui permet la formation d'une ample gamme de sons. Or, pour Frayer et Nicolay ces deux éléments (qui distinguent l'homme des singes et des premiers hominidés) étaient déjà en place chez les premiers *Homo* il y a 1,5 million d'années. C'est aussi le cas de la cage thoracique cylindrique (et non pas conique comme celle des singes) qui facilite le mode d'expiration associé au langage. Pour ces deux auteurs, la capacité à articuler des mots et à produire des chants de type humain était déjà en place chez *Homo* à cette période. Une vision corroborée par d'autres observations : les crânes étudiés montrent que la latéralisation du cerveau était bien engagée, ce qui est confirmé par le fait que les outils semblent avoir été taillés essentiellement par des droitiers. Or, la latéralisation du cerveau au cours de laquelle le côté gauche se spécialise dans le déchiffrage des sons et le droit dans la prosodie est étroitement associée au langage : celui-ci était donc probablement assez évolué il y a 1,5 million d'années. Mais quand a-t-il vraiment pris naissance ?

UN CERVEAU UNIQUE EN SON GENRE

Bien que les tissus mous aient depuis longtemps disparu des crânes fossiles, certaines informations peuvent être récoltées à partir des moulages internes des boîtes crâniennes. On peut en déduire la taille et la forme du cerveau ; on peut aussi reconnaître les circonvolutions du cortex car, avec un peu de chance, elles se sont imprimées sur les parois du crâne durant la vie de l'individu. Malheureusement, les crânes fossiles ne sont pas toujours complets et les chercheurs se voient contraints à faire des reconstructions. La découverte de nouveaux fossiles de *Paranthropus boisei* (un hominien primitif) a montré que certaines de ces reconstructions sont entachées d'erreurs. C'est pourquoi nous avons récemment réexaminé les moulages endocrâniens des espèces d'hominidés les plus anciennes dont nous possédons les traces fossiles. Pour *l'Australopithecus africanus*, communément appelé l'Australopithèque gracile, qui vivait en Afrique du Sud il y a 2,5 à 3 millions d'années, les résultats se sont avérés très surprenants.

Des cinq spécimens que nous avons étudiés, il ressort clairement que le cerveau de l'Australopithèque gracile ne ressemble à celui d'aucune autre espèce de primate vivant ou disparu, singe, hominien ou homme. Bien que ce cerveau soit aussi petit que celui des autres Australopithèques (environ le tiers du volume cérébral *d'Homo sapiens*), certaines parties des lobes frontaux et temporaux d'*Australopithecus africanus* sont très étendues et ont pris la forme des aires correspondantes du cerveau humain. La partie des lobes frontaux qui est développée chez d'*Australopithecus africanus* s'appelle l'aire de Brodmann. Il a été démontré expérimentalement que cette zone est, chez l'homme comme chez le singe, impliquée dans la pensée abstraite, la conception d'actions à venir et la prise d'initiatives. La taille relative de cette aire est deux fois plus élevée chez nous que chez le chimpanzé : l'Américaine Katerina Semendeferi, de l'université de Californie, à San Diego, en a déduit que cette région a connu une expansion à un certain moment de l'évolution conduisant aux premiers *Homo*. Nos travaux donnent raison à cette chercheuse. Ils indiquent, en outre, que l'événement a dû se produire il y a 2,5 à 3 millions d'années chez *Australopithecus africanus*.

Les lobes frontaux ne sont pas seuls à s'être développés chez cet étonnant Australopithèque. La partie antérieure des lobes temporaux – ou pôles temporaux – est également très étendue. Comme chez l'homme, elle part vers l'avant et vers l'extérieur du crâne. Or, Hanna et Antonio Damasio du Iowa College of Medicine (États-Unis) ont montré que les deux pôles temporaux sont activés lorsqu'un sujet nomme un visage – précisément l'événement qui, selon nous, marque le point de départ du langage chez les premiers hominidés.

LANGAGE ET MUSIQUE

Lorsque l'on combine toutes ces informations, une image commence à se dessiner. Le langage et la musique auraient commencé à se développer il y a 2,5 à 3 millions d'années chez nos premiers ancêtres directs, les Australopithèques graciles.

Ceux-ci possédaient apparemment un appareil respiratoire (cage thoracique, larynx, nez) peu adapté à la production d'un langage très élaboré, mais ils disposaient tout de même d'une palette de sons très étendue. Ils communiquaient sans doute sur le plan vocal et gestuel d'une façon plus complexe que les chimpanzés actuels et pratiquaient une forme rudimentaire de musique.

Il y a naturellement dans tout cela une part de spéculation, d'autant que l'interprétation de fragments osseux, souvent incomplets et déformés, est sujette à caution. De plus, quand il s'agit de dater les comportements humains qui – par essence – ne fossilisent pas, les paléoanthropologues sont souvent condamnés à rechercher quand le phénomène est devenu possible plutôt que quand il est réellement apparu… Pour ce qui nous concerne, il semble peu vraisemblable qu'un long laps de temps se soit écoulé entre l'apparition des supports neuronaux nécessaires au développement du langage et de la musique et l'émergence de ces deux facultés. Les circuits neuronaux impliqués sont en effet hautement spécialisés : on imagine mal qu'ils aient été sélectionnés sans avoir été rapidement activés.

D. F.

Ce texte a été traduit de l'américain
par Yves Sciama.

UN BIG BANG SOCIOCULTUREL

Randall WHITE

On trouve sur certains sites archéologiques du début du paléolithique supérieur plus de gravures et de sculptures sur quelques mètres carrés que tout ce que l'on a découvert dans le monde pour la période antérieure à 40 000 ans. A l'origine de cette explosion artistique, un bouleversement qui n'a rien de biologique... Chronique d'une révolution non annoncée.

L'origine de l'art est l'un des grands mystères de l'histoire de l'évolution culturelle humaine. Quand le premier comportement artistique est-il apparu ? S'est-il manifesté soudainement ou progressivement ? L'art est-il une invention culturelle ou est-il imposé par nos fonctions neurologiques ? Et surtout pourquoi l'art est-il apparu ? En amont de cette quête des origines plusieurs questions fondamentales émergent : comment reconnaître la première manifestation artistique et comment distinguer les premiers objets d'« art » des traces matérielles d'autres activités humaines ?

DÉFINIR L'ART

Ces questions de fond exigent une définition claire et précise de ce qu'est l'« art ». Il importe notamment de savoir si l'art est une manifestation universelle et suffisamment distincte pour qu'on puisse la reconnaître immédiatement lorsqu'on la voit.

Aucune compréhension des origines de l'art et de son évolution n'est possible sans aborder son aspect culturel. Et toute approche scientifique des origines de l'art doit chercher à expliquer une multitude d'expressions artistiques, des parures corporelles et peintures pariétales du Paléolithique supérieur aux peintures de sable des Navajos, aux sculptures inuit, en passant par les masques du nord-ouest des États-Unis, les peintures corporelles australiennes, les icônes médiévales et les œuvres de Picasso... Pour compliquer le problème, cette approche doit aussi prendre en compte les productions non matérielles, comme la poésie, la danse, le chant, la musique instrumentale ou le conte.

Il va sans dire que notre conception occidentale de l'art n'est pas nécessairement applicable à toutes les cultures ; elle constitue une entrave importante à la compréhension de la place de l'art dans l'évolution de l'homme. Pour appréhender la question « où, quand, comment » est apparu l'art, nous devons donc paradoxalement oublier le concept même.

Dans notre culture occidentale, l'art est souvent considéré comme une activité superflue à laquelle on s'adonne lorsqu'on n'a rien de plus urgent à faire.

La notion que nous avons généralement à l'esprit fait appel au génie individuel – souvent d'inspiration divine –, à l'originalité, à la nouveauté, à la nature inorganique des surfaces et des matériaux, des toiles, et à leur valeur marchande. Cette approche diverge de celle qui prévaut dans une majorité de sociétés actuelles non occidentales, et notamment ces sociétés de chasseurs-cueilleurs qui ressemblent fortement aux cultures ancestrales du Paléolithique.

Selon moi, et c'est ce que je vais tenter de démontrer, la représentation matérielle est une invention d'individus qui en détenaient depuis longtemps la capacité neurologique.

On cite souvent en exemple le cas des personnes non occidentales auxquelles on présente une photographie et qui ne la « comprennent pas ». Cette incapacité à intégrer et à comprendre la logique visuelle de la photographie n'est pas de nature neurologique mais est plutôt liée à l'absence de contexte social, culturel, technologique et historique. Je pense de même que l'« art » est l'expression de notre culture, que ce n'est pas l'art qui a émergé à un certain moment dans l'évolution, mais plutôt une capacité neurologique et, finalement, la réalisation de « représentations » sur des supports matériels.

Dans toutes les sociétés humaines, la représentation (littéralement re-présentation) repose sur des métaphores. Le monde réel ou imaginaire est représenté dans des médias et formes qui sont eux-mêmes chargés du ou des sens que leur attribue chaque culture. C'est pourquoi, contrairement au langage, la représentation matérielle ne peut être traduite littéralement. Les formes, les matériaux et les techniques sont manipulés pour engendrer une « expérience qualitative contrôlée », qui dépend d'un contexte culturel.

SYMBOLES ET CULTURES

Prenons un exemple : un anneau porté au nombril renvoie à des associations métaphoriques complètement différentes d'un anneau porté à l'annulaire de la main gauche. En outre, l'évocation ne sera pas la même selon le matériau, or, platine ou cuivre. De même qu'une lettre écrite sur du papier vergé à entête, imprimé en relief, sera plus solennelle que si elle est écrite sur du papier ordinaire. Pourtant il n'y a aucune signification inhérente à l'or, au papier vergé, à l'annulaire de la main gauche, ni même à la forme circulaire. Les symboles sont en fait représentés sous des formes matérielles culturellement convenues, dont le sens subjectif échappe aux individus d'une culture différente.

Si la capacité de représentation relève bien d'une aptitude neurologique, sa réalisation est culturelle et environnementale. Dans un autre domaine, les hommes de Cro-magnon avaient les capacités cérébrales pour cultiver les plantes, domestiquer les animaux, ou même aller sur la Lune. Toutefois, toutes ces réalisations n'ont vu le jour que dans un contexte social, économique, culturel et environnemental bien particulier. Selon moi, il en va de même pour la représentation symbolique et, notamment, les formes matérielles de représentation comme la peinture, le dessin, la sculpture et les parures corporelles. J'ajouterais à cette liste la danse, le théâtre et la musique qui ne sont pas moins matériels, mais laissent simplement moins de traces archéologiques.

L'apparition de ces formes variées de représentation a vraisemblablement une valeur adaptative : dans l'évolution, n'est retenu que ce qui confère un quelconque avantage sélectif. Que l'on défende l'idée d'une mutation neurologique ponctuelle, d'une transformation plus graduelle du cerveau ou d'une invention culturelle, on doit admettre que les représentations ne peuvent être apparues et s'être développées rapidement à la fin du Pléistocène, sans conférer aux groupes d'humains qui les ont inventées un avantage sélectif. Il y a peu de place pour une vision de l'art comme lutte d'inspiration divine visant simplement à créer de belles et nouvelles formes.

Cela laisse aussi à penser que les formes matérielles de représentation peuvent, tout comme l'agriculture, avoir été inventées et réinventées en des époques et en des lieux différents, suivant les contextes locaux culturels et environnementaux.

Mais cette approche est déstabilisante car nous ne sommes pas habitués à voir dans l'art un quelconque avantage évolutif. En fait, notre conception occidentale de l'art nous fait exclure les formes de représentation dont l'objectif est pratique : on ne range pas dans la catégorie « art » des activités comme la publicité des magazines ou de la télévision. Pourtant, si nos capacités de représentation relèvent d'un succès évolutif, nous devons supposer que leur valeur adaptative doit être dissociée de l'idée de l'art pour l'art.

Que disent les ethnologues et les sociologues de la fonction de la représentation dans les sociétés humaines ? Considérons un exemple moderne, celui des Esquimaux Aivilik du Groenland, étudiés par Edmund Carpenter dans les années 1950. Carpenter éclaire plusieurs aspects de ce que les occidentaux ont décrit comme de l'« art aivilik ».

1) Dans leur langue, ils n'ont pas de véritables équivalents pour « créer » ou « faire », deux verbes qui impliquent que le moi s'impose sur la matière ;

2) les sculpteurs n'essaient jamais d'imposer à l'ivoire des formes inhabituelles ; ils répondent au matériau, alors que celui-ci tente d'être lui-même. La sculpture est donc modifiée en permanence suivant la « demande » de l'ivoire ;

3) il n'existe aucun mot signifiant « art » chez les Aivilik, ni « artistes » : il n'y a que des gens ordinaires. Ils ne font pas non plus de distinction entre les objets utilitaires et les objets décoratifs ;

4) les Aivilik n'accordent pas la moindre valeur au travail original, à l'expression individuelle. Poète, conteur ou sculpteur, l'Esquimau transmet une tradition anonyme. Il n'essaie pas d'imposer son individualité. Il disparaît derrière son œuvre ;

5) lorsqu'une sculpture est achevée, elle a de fortes chances d'être abandonnée au fond d'une caisse à outils ou sur un tas d'ordures. Toute la valeur d'une représentation se situe dans l'acte et non dans le produit fini.

En accord avec Edmund Carpenter, la plupart des ethnographes affirmeraient que l'« art » n'existe pas dans la plupart des cultures du monde. Ce concept leur a été imposé par les occidentaux.

SOCIÉTÉS TRADITIONNELLES

Ce que montre l'ethnologie, c'est que, dans une culture donnée, les mêmes techniques, sujets, styles et matières premières sont partagés par tous les groupes locaux qui participent ainsi à un vaste système de représentation. Pour trouver les origines de la représentation matérielle et sa fonction, nous devons donc rechercher le premier indice de cette approche commune des choses. Il ne suffit pas d'identifier des traces isolées dans l'espace et dans le temps.

Dans les sociétés traditionnelles, plus encore que tout autre type de représentation matérielle, les parures corporelles se révèlent capitales pour la construction, la reconnaissance et la communication d'une identité sociale. Selon l'ethnologue Terence Turner, la surface du corps, en tant que frontière entre la société, le moi social et l'individu psychobiologique, devient la scène symbolique sur laquelle se joue le drame de la socialisation, et les parures corporelles, sous toutes leurs formes, peinture corporelle, habillement, coiffes en plume ou maquillage, deviennent le langage par lequel cette socialisation s'exprime.

La décoration corporelle est toujours impliquée dans l'identité sociale ou « moi social », mais elle ne traduit pas simplement cette identité : elle participe de manière fondamentale à sa construction. Elle ne symbolise pas simplement un statut mais définit le statut social de celui qui les porte.

Pourquoi les parures corporelles et plus généralement les images décoratives conventionnelles sont-elles si utiles à la construction et à la communication de l'identité sociale ? On peut identifier au moins trois raisons : tout d'abord elles ont une durée de vie nettement supérieure à l'espérance de vie humaine. Elles peuvent donc jouer un rôle important dans la continuité sociale et culturelle. Deuxièmement, les objets ont une histoire qui les relie à leurs ancêtres, ce qui leur confère une autorité qui fait défaut aux actions ou aux mots. Troisièmement, les objets sont éloignés de ceux qui les portent ou les offrent et peuvent donc, facilement, véhiculer des messages délicats ou dangereux, contrairement aux mots d'une langue.

La parure corporelle est en général liée à l'obtention sur de longues distances – souvent grâce à des échanges – de matières premières. Habituellement, les gens ne se parent guère d'objets ou de substances ordinaires ou obtenus facilement. Dès lors, nous constatons souvent une sorte de prédilection pour la rareté. Des parties d'animaux, de plantes, des matières de grande valeur cosmologique sont souvent utilisées. C'est dans ce contexte que la question de l'origine de la représentation doit être évaluée.

On considère généralement que les premiers individus de l'espèce moderne *Homo sapiens sapiens* sont apparus en Afrique il y a moins de 200 000 ans, qu'ils ont remplacé les populations qui vivaient en Afrique, au Proche-Orient et en Eurasie, et occupé les terres vierges d'Australie, d'Amérique du Nord et d'Amérique du Sud.

En Europe, les premières traces de représentation matérielle peuvent être trouvées chez les néandertaliens, apparus vers 300 000 ans. Mais ces traces sont subtiles et ambiguës. Il s'agit principalement de collections d'objets de formes et de couleurs inhabituelles. On retrouve sur les sites dits moustériens* des coquillages fossiles, et parfois des outils réalisés dans des matériaux particuliers comme des cristaux de roche parfaitement transparents. Les coquillages fossiles sont intéressants, car ils n'ont pas été retravaillés, pour être suspendus par exemple. En effet, les techniques de perforation étaient complètement inconnues au Moustérien. Le trou, en tant que dispositif technique, restait encore à inventer. Nous sommes actuellement incapables de comprendre le contexte dans lequel ces curiosités furent ramassées et utilisées. Mais elles témoignent clairement d'un intérêt pour la forme et la couleur, et suggèrent que les néandertaliens d'Europe de l'Ouest avaient toutes les capacités cognitives nécessaires à un jugement esthétique et à des actes symboliques. On remarquera toutefois que les néandertaliens n'ont, semble-t-il, jamais cherché à représenter dans d'autres matériaux ou dans d'autres contextes les couleurs et les formes qu'ils découvraient dans la nature. Par exemple, il n'existe aucune sculpture de coquillages fossiles, et il ne semble pas y avoir de peinture. La situation est assez différente en Afrique et au Proche–Orient.

Le premier homme anatomiquement moderne semble avoir émergé de populations ancestrales *d'Homo ergaster* il y a environ 200 000 ans en Afrique. La culture matérielle associée à ces premiers *Homo sapiens*, appelée Middle Stone Age (MSA*), est comparable au Moustérien d'Eurasie occidentale.

Les premiers hommes modernes en Afrique étaient contemporains des néandertaliens européens au physique plus archaïque. Malgré d'importantes différences anatomiques entre ces deux types humains, ils ont laissé une culture matérielle assez similaire. En effet, il est difficile de trouver dans les fossiles africains le témoignage d'une explosion de l'activité symbolique qui coïncide avec la transition vers une anatomie moderne. Comme en Europe, le nombre d'objets antérieurs à 35 000 ans et manifestement symboliques est très faible. A Klasies River Mouth Cave en Afrique du Sud, on a découvert dans des couches du Middle Stone Age, datées à 70 000 ans, des objets étranges, parmi lesquels deux fragments d'os présentant des entailles le long d'un bord, un fragment d'os portant en surface des incisions équidistantes, ainsi que de nombreux fragments d'ocre rouge. A Border Cave, également en Afrique du Sud, les couches du Middle Stone Age ont livré un coquillage percé et deux perles en coquille d'œuf d'autruche.

Les plus anciennes peintures africaines, celles de l'abri sous roche Apollo 11 en Namibie, près de la frontière avec l'Afrique du Sud, sont postérieures à 35 000 ans. L'abri Apollo 11 renferme deux niveaux archéologiques, une couche du Middle Stone Age, datée à 27 500 ans BP*, et l'autre du Late Stone Age, datée à 19 000 ans BP.

OBJETS ISOLÉS

Cela confirme que nous ne pouvons pas simplement expliquer l'apparition de représentations matérielles comme le résultat d'une modification biologique ou neurologique. Les capacités cérébrales de représentation symbolique devaient exister bien avant que ce potentiel ne soit exploité. Certes, quelques rares objets vieux de plus de 50 000 ans BP, séparés les uns des autres par d'énormes intervalles de temps et des milliers de kilomètres, indiquent la présence de telles capacités. Mais ces objets isolés témoignent aussi de l'absence de systèmes de représentation culturellement répandus.

En Israël, les niveaux moustériens des sites d'Hayonim et de Qafzeh ont livré d'importantes traces d'ocre rouge et des coquillages marins, dont certains sont naturellement perforés. Plus récemment, les découvertes sur deux sites levantins, à Berekhat Ram et à Quneitra, ont attisé la polémique sur les capacités symboliques des ancêtres néandertaliens et anté-néandertaliens. Le site de Berekhat Ram, sur le plateau du Golan, a été daté à 233 000 ans BP +/– 3 000 ans. Les fouilles effectuées dans les années 1980 ont mis au jour un fragment de roche volcanique de moins de 2,5 cm de long présentant des traces réalisées, semble-t-il, avec un outil. Du moins d'après certains archéologues qui considèrent qu'il s'agit d'une figurine féminine. Leur interprétation se fonde en partie sur des analogies, selon moi injustifiées, avec les vénus européennes qui sont apparues 200 000 ans plus tard et correspondent à une tout autre technique, à un investissement bien différent. La pièce de Berekhat Ram a sans doute nécessité moins d'une minute de travail, et aucun autre objet de ce type n'a été trouvé dans la même région avant 35 000 ans BP... Si la nature symbolique de cet objet est discutable, celle d'un autre objet du Levant ne laisse aucun doute. Il s'agit du cortex d'un éclat de silex de 7,2 cm de long provenant de Quneitra, un site moustérien vieux de 53 000 ans, sur le plateau du Golan.

Cet éclat comprend des lignes courbes et droites plus ou moins équidistantes. Cette disposition semble très nettement délibérée. Que cet objet ait été réalisé par un néandertalien ou par un homme anatomiquement moderne, il est difficile de savoir s'il relève d'une convention, car il n'existe aucun autre objet de la sorte au moustérien, tant sur le plateau du Golan qu'ailleurs.

Les choses changent radicalement vers 50 000-40 000 ans. Au Levant, la transition du moustérien au Paléolithique supérieur vers 50 000 ans présente peu, voire aucune production d'objet porteur de représentations. Mais elle est suivie de l'Aurignacien levantin riche en représentations (dents d'animaux percées, perles en coquillages, pendeloques en os, plaquettes de pierre gravées ou peintes...). Toutefois, d'un point de vue quantitatif, il est difficile de parler d'explosion symbolique équivalente à celle que l'on observe en Europe. Les données archéologiques européennes dominent et sont uniques par leur diversité et la richesse des représentations. Ces différences régionales encore inexpliquées contredisent une fois encore l'idée d'une relation directe entre capacités neurologiques et émergence de l'« art ».

Entre 40 000 ans et 30 000 ans BP, en Eurasie, en Afrique, en Australie, on observe un important bouleversement culturel. En Europe, les néandertaliens et leur culture moustérienne disparaissent. Après une courte période de cohabitation (culture châtelperronienne*, dérivée du Moustérien), ils sont remplacés par des hommes anatomiquement modernes, les Cro-magnon, et leur culture aurignacienne riche en représentations matérielles.

Précisons qu'au cours du Châtelperronien les néandertaliens semblent avoir utilisé les perles, fabriqué des pendeloques, percé des dents d'animaux. Une production qui ne paraît avoir été possible qu'une fois en contact avec la culture aurignacienne. Là encore, la capacité de représentation n'a pas directement conduit à son invention.

Entre 40 000 et 30 000 ans BP, la culture aurignacienne déferle donc sur le monde, en particulier sur l'Europe. Par rapport au moustérien, tout est différent : de nouvelles techniques pour travailler la pierre, l'os, les bois de cervidés, et l'ivoire, de nouvelles armes mortelles, de nouvelles structures sociales, des échanges de matières premières sur de longues distances, un grand nombre d'images peintes, gravées ou sculptées, et une abondance de parures corporelles. Une véritable révolution sociosymbolique. Même dans les sites aurignaciens les plus anciens, on trouve un nombre important d'objets portant des représentations. On peut dire sans exagérer que certains sites du début de l'Aurignacien présentent sur quelques mètres carrés plus de représentations mobilières que nous n'en connaissons sur l'ensemble du Globe pour la période antérieure à 40 000 ans.

En Europe occidentale, la majorité de ces objets sont des fragments d'os, de bois de cervidé et d'ivoire, portant des motifs, notamment des séries d'incisions, de points ou de trous. En France, on rencontre aussi des motifs géométriques sur des plaques et des blocs de calcaire.

On trouve également des sculptures miniatures en ronde bosse ou en bas-relief. Présentes surtout en Belgique, dans le sud de l'Allemagne, et en Autriche, elles sont presque toujours fabriquées dans de l'ivoire de mammouth. Ce sont des formes animales (zoomorphiques), humaines (anthropomorphiques) ou composites. Nombre de ces sculptures sont perforées, souvent entre les pattes antérieures, apparemment pour être suspendues comme parures. Les animaux sculptés (mammouths, lions, chevaux) ne sont en général pas ceux qui prédominaient dans l'alimentation aurignacienne (rennes et bovidés). Ces derniers sont rarement représentés. Ces miniatures comportent souvent des marques géométriques dont le sens demeure mystérieux. La sculpture et la finition de ces objets devaient être difficiles, étant donné les limitations technologiques de l'outillage lithique. Les fragments de défense de mammouth desséchés étaient fendus puis raclés, gravés, incisés et polis. Le polissage était réalisé à l'aide d'une poudre d'hématite, un abrasif métallique très efficace qui est toujours utilisé aujourd'hui par les sculpteurs d'ivoire.

Autre production étonnante : les copies de coquillage et de dents d'animaux en ivoire ou en pierre tendre. Les originaux de ces copies sont les mêmes coquillages et les mêmes dents que ceux qui étaient choisis comme parures corporelles. Les hommes de l'Aurignacien étaient donc capables d'extraire une forme de son contexte naturel pour la transférer à un médium totalement nouveau.

Des blocs de calcaire peints ou gravés ont été découverts dans plusieurs abris sous roche de la vallée de la Vézère, dans le sud-ouest de la France. Ils sont parfois interprétés comme des blocs tombés du surplomb de l'abri après son occupation ; les peintures et les gravures devaient donc orner le plafond de l'abri lui-même.

DES SABOTS ?

Sur ces blocs, l'un des thèmes les plus fréquemment représentés consiste en des cercles ou des ovales en partie divisés par une ligne médiane. Depuis leur découverte, on les a interprétés comme des représentations de vulves. Toutefois, pour nombre d'entre eux, cette interprétation est aujourd'hui discutée. Ces motifs ressemblent de façon étonnante à des empreintes de sabots : les Aurignaciens ont-ils voulu imiter la nature ? Cette hypothèse gagne en crédibilité si l'on considère que d'autres blocs provenant des mêmes sites portent des séries de cupules piquetées qui semblent représenter des empreintes de patte.

Les empreintes d'animaux pourraient être les premiers systèmes de représentation des chasseurs aurignaciens. Ces empreintes constituent une sorte de symbole naturel, dont les premiers hommes ont pu s'emparer, alors qu'ils inventaient la représentation matérielle. Tout cela laisse à penser que les Aurignaciens maîtrisaient la métaphore, dans la mesure où une partie d'un sujet représenté était utilisée pour représenter le sujet lui-même, procédé cognitif appelé métonymie. Nous avons une fois de plus la preuve d'une aptitude et d'une motivation à extraire des formes de leur contexte naturel et à les représenter dans un milieu et un médium totalement différents.

En 1911, Marcel Castanet, archéologue amateur, découvre un magnifique bloc peint, tombé du plafond de l'abri Blanchard dans le sud-ouest de la France. Cette peinture de bison bicolore fait figure d'anomalie car elle est unique. La plupart des chercheurs l'ont d'ailleurs tout simplement ignorée ou ont présumé qu'elle était postérieure à l'Aurignacien... Jusqu'aux années 1990. Au cours d'une prospection systématique en Ardèche en 1994, Jean-Marie Chauvet et ses collègues spéléologues découvrent les merveilleuses peintures de la grotte Chauvet. Jusqu'à ce qu'elles soient datées par le carbone 14, on pensait que les peintures de cette grotte remontaient à 20 000 ans environ.

Quand la datation révéla un âge aurignacien pour une grande partie de ces peintures, celles de l'abri Blanchard parurent bien moins anormales... Chauvet représente tout ce dont rêve l'archéologue spécialiste du Paléolithique supérieur : les inventeurs de la grotte ont pris soin de ne pas détruire les traces d'activité humaine présentes sur le sol. On y a trouvé des empreintes animales et humaines, des os d'animaux, des foyers, des outils, des fragments de torche, des concentrations de pigments pour la peinture, ainsi que des meules pour leur préparation qui peuvent être étudiés et liés aux représentations pariétales. L'étude complète de la grotte prendra des dizaines d'années, mais nous avons déjà appris quelques détails grâce aux communiqués de presse. Nous savons par exemple que les techniques picturales y sont étonnamment complexes et variées, même pour les plus anciennes peintures datées d'environ 33 000 ans BP. Avant l'application de la peinture, les parois étaient préparées par un grattage du calcaire afin de mettre à nu sa structure profonde et laiteuse. Les courbes des parois de la grotte, tant concaves que convexes, ont été particulièrement bien exploitées pour donner du volume aux animaux peints.

Les parures corporelles aurignaciennes sont abondantes et variées. Elles sont constituées principalement de perles d'ivoire, de stéatite et d'os, de dents d'animaux percées, en particulier de petits carnivores (renard), de cerfs et de chevaux, de coquillages marins percés... On observe une importante variabilité régionale, tant dans la forme, la technique de fabrication, que dans les proportions des différentes matières premières utilisées. Au sein de grandes unités géographiques, comme le sud-ouest de la France, on constate une standardisation des dimensions et des techniques de fabrication des parures, ce qui suggère l'existence d'unités ethniques régionales.

Les matières premières employées dans les ateliers de fabrication de perles ont souvent une origine géographique éloignée. Ainsi, dans la vallée de la Vézère, on a retrouvé sur les sites aurignaciens de la stéatite provenant des Pyrénées, situées à 400 km, et des coquillages des côtes méditerranéenne et atlantique. Des matériaux exotiques ont été utilisés pour la fabrication des parures, ce qui implique une sélection stricte des matières premières. Cela montre aussi que la difficulté d'acquisition, la rareté d'une pièce, était l'un des moyens d'exprimer sa valeur, y compris sa valeur sociale. Et que des accords sociaux complexes entre groupes éloignés, comme le commerce, devaient exister pour l'obtention de matières premières.

Le temps investi dans la fabrication des parures était considérable : près de trois heures pour une seule perle d'ivoire, dont il existe des milliers d'exemplaires. Sur le site daté de 34 000 ans BP de l'abri Castanet en Dordogne, occupé par les Aurignaciens au cours de l'un des épisodes climatiques les plus rigoureux de ces derniers cent mille ans, des milliers d'heures de travail furent passées à la fabrication de perles d'ivoire. Si la fabrication des parures corporelles a rivalisé avec les impératifs de subsistance, cela démontre l'importance que lui accordaient les Aurignaciens.

UN PETIT SIÈCLE

Travaillés avec de nouvelles techniques d'abrasion et de polissage, les matériaux choisis donnaient aux parures des caractéristiques tactiles particulières. L'ivoire, la stéatite, la nacre et les dents (émail ou dentine) sont tous des matériaux chauds, presque mystérieux au toucher. Les yeux fermés, les parures réalisées dans ces matériaux sont indiscernables les unes des autres. Cela implique probablement que ces matières premières, contrairement à l'os, au bois de cerf ou à d'autres matériaux plus courants, avaient des qualités spéciales que certains pourraient même qualifier de spirituelles.

L'utilisation de techniques et de matières premières particulières permettait une représentation à deux niveaux. Tout d'abord, des qualités tactiles ou de surface étaient représentées, afin d'engendrer des « expériences qualitatives contrôlées » chez le porteur ou l'observateur. Deuxièmement, parce qu'elles étaient fabriquées dans des matériaux au fort pouvoir évocateur, ces parures devaient servir à la construction d'identités sociales. Pour tout cela, elles se placent au carrefour des technologies, de la société, de l'économie et de la cosmologie.

On imagine généralement que l'origine de l'art est un long et lent processus évolutif (darwinien). Toutefois, l'une des caractéristiques déterminantes des hommes modernes est leur capacité à trouver rapidement des solutions complexes aux problèmes de survie. Ces solutions comprennent non seulement les avancées technologiques, les stratégies de subsistance, mais aussi les nouvelles formes d'organisation sociale et les nouvelles façons d'appréhender le monde social et matériel.

Selon moi, l'explosion artistique du début du Paléolithique supérieur ne nécessite aucune étape préalable. Les techniques et les systèmes de représentation employés à la grotte Chauvet et sur le site de Castel-Merle, ont pu facilement apparaître en un petit siècle.

R.W.

L'ART EST-IL NÉ D'UNE MUTATION GÉNÉTIQUE ?

Richard G. KLEIN

Selon la théorie « Out of Africa », Homo sapiens, *l'ancêtre de l'homme moderne, vivait en Afrique avant de déferler il y a environ 50 000 ans sur l'Europe et le Proche-Orient. Cette date correspond aussi à l'apparition d'un comportement véritablement moderne et aux premières manifestations artistiques. Seule une mutation génétique favorisant le cerveau d'*Homo sapiens *peut expliquer ce bouleversement culturel.*

Les paléo-anthropologues se demandent depuis plusieurs dizaines d'années si l'homme moderne est apparu en un lieu unique ou simultanément en plusieurs endroits d'Afrique et d'Eurasie. La question n'est toujours pas complètement résolue même si les dernières découvertes paléontologiques, archéologiques et génétiques plaident en faveur d'une origine exclusivement africaine. A partir de l'Afrique, les hommes modernes se seraient dispersés vers l'Eurasie, où ils auraient remplacé des hominidés archaïques. C'est la fameuse théorie « Out of Africa ».

Même si l'on admet ce schéma, il reste une question essentielle : pourquoi et de quelle manière les hommes modernes se sont-ils répandus dans le monde entier ? Selon moi, le catalyseur fut l'apparition soudaine d'un « comportement véritablement moderne » en Afrique aux alentours de 50 000 ans. Par

« comportement moderne », j'entends ici l'existence d'une organisation de la société comparable à celle des chasseurs-cueilleurs actuels. En particulier, les fouilles archéologiques montrent que les groupes humains pratiquaient à partir de 50 000-40 000 ans des échanges (matières premières, objets...) et avaient des rites religieux. C'est aussi à partir de cette date que l'on retrouve en grand nombre dans les sites des objets d'art. Des transformations sociales ou démographiques pourraient sans doute expliquer l'apparition soudaine en Afrique de ce comportement moderne, mais je crois que l'explication la plus simple réside dans la survenue d'une mutation génétique très avantageuse qui a favorisé le cerveau *d'Homo sapiens*.

PREMIERS SITES ARCHÉOLOGIQUES

Pour comprendre comment ces transformations culturelles ont pu se répandre à travers le monde, revenons un instant sur les aspects purement phylogénétiques et les dernières découvertes scientifiques.

Les études génétiques ont montré que le dernier ancêtre commun des chimpanzés et des hommes actuels vivait il y a 8 à 5 millions d'années. Les premiers hominidés caractérisés par des membres inférieurs adaptés à la bipédie peuplaient le continent africain il y a environ 4,5 millions d'années. Jusqu'à environ 2,5 millions d'années, la plupart des hominidés étaient bipèdes ; ils avaient un petit cerveau proche de celui des grands singes et de longs bras qui leur permettaient de grimper aux arbres.

Il y a 2,5 millions d'années, le cerveau des hominidés commence à se développer. D'un point de vue temporel, l'augmentation de la taille du cerveau correspond aux tout premiers sites archéologiques : on y trouve des accumulations d'objets en pierre qui témoignent d'une forte dépendance technologique.

Ces objets côtoient des fragments d'os animaux, signe d'une alimentation carnivore peu éloignée de la nôtre.

Entre 1,8 et 1 million d'années, une espèce primitive d'hominidés se répand en Eurasie. Les fossiles montrent que l'anatomie des descendants de cette espèce a divergé, conduisant, il y a environ 500 000 ans, à la formation d'au moins trois lignées évolutives différentes : *Homo sapiens* (les ancêtres de l'homme moderne) en Afrique, *Homo neanderthalensis* (les néandertaliens) en Europe, et *Homo erectus* (l'homme de Java et l'homme de Pékin) en Asie.

Entre 500 000 et 100 000 ans, les populations européennes ont accumulé progressivement des caractères spécialisés de néandertaliens, aboutissant à l'apparence typique du néandertalien vers 100 000 ans. L'évolution des néandertaliens résulte probablement à la fois de la sélection naturelle et d'une dérive génétique au sein de petites populations isolées. La sélection de l'aptitude à supporter le froid pourrait, par exemple, expliquer le tronc massif et les membres courts qui caractérisent les néandertaliens. La dérive génétique expliquerait de nombreuses particularités de la face et du crâne, comme la forte projection vers l'avant de la face le long de la ligne médiane, de même que la géométrie particulière des régions mastoïdiennes et occipitales du crâne. Cette anatomie demeure inchangée jusqu'au remplacement des néandertaliens par les *Homo sapiens*, qui commence il y a environ 40 000 ans.

CONTRASTE GÉNÉTIQUE

En Afrique, les fossiles de la période comprise entre 500 000 et 100 000 ans, bien moins nombreux qu'en Europe, ne comprennent aucun spécimen qui anticipe sur le plan anatomique les néandertaliens. Les fouilles indiquent que les hommes modernes ou prémodernes étaient largement répandus en Afrique et au Proche-Orient il y a 100 000 ans.

En Extrême-Orient, la situation se complique un peu. Les données archéologiques très fragmentaires font semble-t-il apparaître deux lignées évolutives distinctes. Il y aurait, d'une part, une continuité au sein des *Homo erectus* d'Asie du Sud-Est (l'homme de Java) depuis plus de 500 000 ans jusqu'il y a environ 50 000 ans. D'autre part, les *Homo erectus* chinois (l'homme de Pékin) auraient évolué après 500 000 ans. Des populations proches anatomiquement des *Homo erectus* d'Asie du Sud-Est se seraient rapprochées il y a 100 000 ans des *Homo sapiens* d'Afrique par certaines caractéristiques de leur crâne.

La théorie « Out of Africa » repose principalement sur la grande ancienneté de l'anatomie moderne ou pré-moderne en Afrique, mais deux récentes découvertes génétiques la confortent aussi. Il s'agit tout d'abord de la remarquable homogénéité génétique des hommes actuels, qui implique que nous partageons tous un ancêtre commun âgé de 200 000 à 150 000 ans. Or on retrouve en Afrique des fossiles *d'Homo sapiens* de cette époque. En outre, le contraste génétique étonnant entre les hommes actuels et les néandertaliens indique que leur dernier ancêtre commun remonte à plus de 500 000 ans. Cette seconde découverte est fondée sur l'étude de l'ADN mitochondrial de fossiles de néandertaliens provenant d'Europe centrale et orientale. On n'a pas encore extrait d'ADN sur les fossiles africains d'hommes modernes ou prémodernes, mais si la théorie « Out of Africa » est exacte, les recherches futures montreront que les populations qui vivaient en Afrique il y a 100 000 ans étaient génétiquement plus proches des hommes actuels que des néandertaliens.

POPULATIONS CONFINÉES

Bien sûr la théorie « out of Africa » pose un certain nombre de problèmes. En particulier, elle n'explique pas pourquoi les hommes modernes ou prémodernes n'ont pas émigré hors d'Afrique immédiatement après leur apparition, il y a plus de 100 000 ans.

En fait, comme nous l'avons dit, ces populations semblent avoir été confinées à l'Afrique et aux régions adjacentes du Proche-Orient (qui correspondent aujourd'hui à Israël) jusqu'à 50 000 ans environ.

Il est même possible que les néandertaliens aient remplacé les hommes prémodernes du Proche-Orient quand le climat de la région s'est refroidi il y a moins de 80 000 ans.

Les populations qui vivaient en Afrique entre 100 000 et 50 000 ans devaient posséder une anatomie moderne ou prémoderne, mais ressemblaient beaucoup, par leurs comportements, aux néandertaliens et autres hominidés archaïques. Il y a 100 000 à 50 000 ans, ces hommes avaient une grande maîtrise du débitage de la pierre ; ils ramassaient souvent des roches contenant naturellement du fer et du manganèse qu'ils devaient utiliser comme pigments ; ils savaient faire du feu ; ils enterraient leurs morts, au moins de temps en temps ; et ils chassaient de grands mammifères pour se nourrir. Tout cela suggère qu'ils devaient être plus « évolués », culturellement parlant, que les populations qui les ont précédés. Toutefois, à l'instar de ces populations et des néandertaliens, leur outillage lithique était peu diversifié.

Les types d'objets manufacturés ont très peu varié sur des dizaines de millénaires et des milliers de kilomètres, malgré d'importantes variations environnementales. Les pierres employées pour fabriquer les outils provenaient presque exclusivement de gisements proches, ce qui témoigne de l'appropriation d'un territoire restreint ou d'une organisation sociale très simple. Ces hommes utilisaient rarement, voire jamais, l'os, l'ivoire ou les coquillages pour fabriquer des objets, et n'ont laissé que peu ou pas d'indices de structures ou d'aménagements de l'espace pour leurs campements. Ils étaient des chasseurs-cueilleurs peu efficaces, qui, par exemple, ne savaient pas pêcher. Leurs populations étaient apparemment très clairsemées par rapport aux normes des chasseurs-cueilleurs actuels. Et surtout, il ne reste aucune trace de manifestation artistique, aucun objet décoré.

TÉMOIGNAGE ARTISTIQUE

On peut donc raisonnablement conclure que, d'un point de vue cognitif, ils étaient humains, mais pas « modernes » comme le sont les hommes actuels. Ce n'est que lorsqu'il est devenu moderne que l'homme a acquis un avantage adaptatif par rapport à ses contemporains eurasiens archaïques.

Si la théorie « Out of Africa » est correcte, nous devrions trouver en Afrique le plus ancien témoignage artistique incontestable et d'autres indices d'une capacité cognitive moderne. Les dates disponibles indiquent que les premières traces du comportement de l'homme moderne apparaissent bien en Afrique, à la fin du « Late Stone Age », probablement entre 50 000 et 45 000 ans, s'étendent vers le Moyen-Orient et l'Europe de l'Est entre 43 000 et 40 000 ans, et atteignent finalement l'Europe de l'Ouest il y a environ 40 000 ans. Ces données concordent tout à fait avec l'hypothèse d'une émigration de l'homme moderne hors d'Afrique autour de 50 000. Les premières manifestations incontestablement artistiques trouvées en Afrique sont des parures : il s'agit de perles en coquille d'œuf d'autruche découvertes dans une caverne à Enkapune Ya Muto dans la vallée du Rift au Kenya. Elles ont au moins 40 000 ans d'après les archéologues qui les ont mises au jour.

La date d'apparition d'un comportement moderne en Extrême-Orient reste discutée. Pour certains chercheurs, les premières traces d'un tel comportement n'apparaissent pas dans cette région avant 10 000 ans. En fait, les données archéologiques pour l'est de l'Asie sont aussi rares que les fossiles, et se caractérisent plus par une absence de preuves que par la preuve d'une absence. De nouvelles recherches archéologiques seraient nécessaires pour savoir si le modèle est réellement différent en Extrême-Orient par rapport à l'Afrique, le Moyen-Orient et l'Europe.

UN CERVEAU VRAIMENT MODERNE

Alors, comment expliquer l'apparition soudaine il y a 50 000 ans d'un comportement moderne ? Le plus simple est d'invoquer une mutation fortuite qui aurait favorisé l'acquisition d'un cerveau véritablement « moderne ». Cet argument repose principalement sur deux observations indirectes. *Primo*, la sélection naturelle d'un cerveau plus efficace a en grande partie dirigé les premières phases de l'évolution humaine. *Secundo*, la relation entre les modifications anatomiques et comportementales a évolué soudainement il y a environ 50 000 ans. Avant cette date, l'anatomie et le comportement semblaient évoluer très lentement, plus ou moins conjointement. Après cette date, l'anatomie est restée relativement stable, alors que les modifications comportementales (culturelles) s'accéléraient rapidement. Peut-on expliquer ce phénomène mieux que par un changement neurologique favorisant nos capacités d'innovation ? Cela ne signifie nullement que les néandertaliens et leurs contemporains archaïques possédaient des cerveaux simiens, ni qu'ils étaient aussi primitifs que les premiers hommes du point de vue biologique et comportemental…

Le problème majeur de cette hypothèse est qu'elle ne peut être testée via l'examen de fossiles. Du moins pour le moment. Rappelons que les hommes possédaient un volume cérébral moderne ou prémoderne presque partout il y a 200 000 ans. Si une modification neurologique est survenue il y a 50 000 ans, elle devait concerner l'organisation cérébrale. Or l'examen des crânes fossiles ne permet que de spéculer sur les structures cérébrales…

INNOVATIONS ET LANGAGE

Dans ces conditions, il semble à certains plus raisonnable de dire qu'un comportement moderne est apparu dans des groupes humains qui en possédaient depuis longtemps la capacité neurologique, mais qui n'ont exprimé leur potentiel moderne qu'après une transformation technologique ou sociale sans rapport avec la biologie (cf. l'article de Randall White, p. 204). Toutefois, cette idée est moins satisfaisante que l'hypothèse neurologique car elle n'explique pas pourquoi l'organisation sociale ou la technologie se sont modifiées aussi soudainement et aussi radicalement il y a 50 000 ans. C'est un constat, non une explication.

Il est certainement plus parcimonieux d'invoquer une transformation neurologique avantageuse que l'évolution aurait naturellement sélectionnée, comme celles qui ont probablement sous-tendu l'évolution antérieure des comportements. Voilà 50 000 ans, la dernière des grandes modifications neurologiques a non seulement favorisé notre capacité d'innovation mais elle a également favorisé l'émergence du langage articulé phonémique. Cette suggestion découle du fait que la culture moderne dépend bien évidemment du langage moderne, mais il est vrai que les preuves sont encore indirectes et fragmentaires.

R. G. K.

Cet article a été traduit
par Valérie Martin-Rolland.

SUR LES TRACES DE L'HOMO SYMBOLICUS

Francesco D'ERRICO

En 1981, une archéologue découvre en Israël un morceau de roche volcanique qui rappelle une silhouette féminine. S'engage alors un vif débat sur la nature de cet objet vieux de 250 000 ans : a-t-il été façonné par une main humaine ? Pour Francesco d'Errico, la réponse ne fait pas de doute. Une pièce à conviction de plus pour affirmer que le symbolisme n'est pas né avec l'homme anatomiquement moderne...

D'où vient notre capacité à interpréter de manière symbolique le monde qui nous entoure, à donner une forme tangible à nos représentations collectives ? Est-elle la conséquence directe d'un changement biologique, liée à l'émergence de notre espèce, *Homo sapiens sapiens*, ou est-ce le fait d'un ensemble de processus qui se seraient déclenchés, pour des raisons contingentes, démographiques, écologiques ou sociales, dans certaines sociétés plutôt que dans d'autres ?

Autrement dit, sommes-nous des « *Homo symbolicus* » depuis que nous sommes devenus anatomiquement modernes ou devons-nous – pour utiliser une analogie quelque peu démodée – considérer l'émergence du symbolisme comme un changement dans le *software* plutôt que dans le *hardware* du cerveau ?

Si l'hypothèse d'un ancrage biologique est la bonne, nous devrions nous attendre à trouver les premières manifestations symboliques, en particulier les premières formes d'art, associées aux premiers hommes modernes africains, dans des sites archéologiques vieux de 100 000 à 200 000 ans. Si, au contraire, le symbolisme est né sous la « pression de l'histoire », il faut s'attendre à trouver les premiers témoignages d'une pensée symbolique dans des contextes géographiques et chronologiques différents. Rien ne s'oppose d'ailleurs, en suivant cette hypothèse, à ce que l'on découvre chez d'autres types humains, par exemple chez les néandertaliens, les traces d'un comportement symbolique.

La question de l'origine d'une pensée symbolique est intimement liée à celle de l'origine du langage. Bon nombre de chercheurs s'accordent en effet à dire qu'il existe une relation de parenté directe entre le caractère éminemment symbolique du langage humain, en particulier la possibilité de se référer à des faits réels ou imaginaires, passés et futurs, et la création puis la transmission de cultures symboliques. Ainsi, la seule preuve directe d'un langage oral articulé chez l'homme est la mise en évidence, dans le registre archéologique, des produits matériels d'une pensée symbolique : sépultures intentionnelles, objets de parure, représentations abstraites ou figuratives, etc. Mais cette quête est un exercice complexe : elle fait notamment face aux problèmes inhérents à l'archéologie de la préhistoire. Des symboles inscrits dans des matières périssables n'auront guère de chance de nous parvenir.

Et certains indices sont parfois mal interprétés. Nous avons récemment montré, par exemple, que des pièces répertoriées comme les plus anciennes preuves d'une production matérielle d'objets symboliques avaient en réalité une origine naturelle.

Ainsi, des sillons sur des os provenant de plusieurs sites européens, décrits comme des gravures intentionnelles, se sont révélés être en réalité des empreintes de canaux vasculaires. De supposés pendentifs néandertaliens n'étaient en fait rien d'autre que des fragments d'os perforés par le suc gastrique des hyènes. Le fémur d'un jeune ours des cavernes, découvert dans la grotte de Divjie Babe en Slovénie, et interprété comme une flûte néandertalienne, est apparu, comme bon nombre d'os découverts dans les grottes à ours, être un os perforé par l'action des carnivores.

Distinguer ce qui est naturel de ce qui est dû à l'homme n'est donc pas immédiat. Les erreurs du passé obligent aujourd'hui les chercheurs à élaborer des critères diagnostiques solides. Trois approches complémentaires sont adoptées : 1) la confrontation de l'objet aux données « actualistes » : on compare la pièce étudiée à des pièces actuelles modifiées par des causes naturelles connues ; 2) l'expérimentation : on compare les traces supposées d'origine humaine avec les stigmates laissés par différents procédés techniques ; 3) la prise en compte de l'information contextuelle : on analyse les objets de même nature que la pièce étudiée et provenant du même site. On établit par cette dernière voie si des traces qui évoquent, au premier abord, des représentations symboliques ne sont pas au contraire le résultat de phénomènes naturels qui auraient affecté à un moindre degré les mêmes types d'objets.

ACTES FORTUITS

Lorsque l'origine humaine des modifications ne fait pas de doute, il est encore trop tôt pour affirmer l'existence d'une pensée symbolique. Des objets que nous serions tentés d'interpréter comme symboliques peuvent avoir été modifiés intentionnellement, dans un but purement utilitaire.

Ainsi, des séries d'incisions sur os qui font penser à des motifs géométriques peuvent, par exemple, avoir été produites sur des os lors du dépeçage du gibier.

Des incisions linéaires et des cupules* sur des objets en pierre tendre, et même en os, peuvent avoir été produites accidentellement si ces objets étaient utilisés comme supports pour la découpe ou la perforation de matériaux souples (peaux, végétaux).

TATOUAGE OU TANNAGE ?

Les choses se compliquent lorsqu'on tient compte du fait que les mobiles utilitaires et symboliques ne sont pas mutuellement exclusifs. Il est donc normal que certaines pièces se prêtent à des interprétations contradictoires. Des fragments de colorant portant des marques d'utilisation se rencontrent fréquemment dans les sites du Paléolithique supérieur, époque durant laquelle l'utilisation symbolique des colorants est attestée. Preuves d'une utilisation symbolique de la couleur pour certains, matière utilisée pour la protection du soleil, pour le tannage des peaux, ou comme désinfectant pour d'autres…, difficile de choisir entre ces hypothèses pour des périodes plus anciennes, quand on sait que dans les sociétés traditionnelles l'utilisation fonctionnelle et l'utilisation symbolique des poudres colorantes coexistent souvent. Quand, enfin, les interprétations « naturelles » ou fonctionnelles sont écartées, sur quels critères allons-nous reconnaître une tradition symbolique ?

Plusieurs chercheurs soutiennent l'idée que le faible nombre et la grande hétérogénéité d'objets trouvés dans des sites plus anciens que 40 000 ans BP* démontrent l'absence de traditions symboliques avant cette date. Il va de soi que la transmission d'une tradition symbolique demande une continuité spatiale et temporelle dans la production et l'utilisation de symboles (voir les articles de Randall White et de Richard Klein).

Mais il est aussi vrai que de vastes régions du globe n'ont pas fait l'objet de recherches exhaustives et commencent seulement maintenant à livrer leurs secrets. C'est le cas d'une bonne partie de l'Afrique et de l'Asie. Et ne risquons-nous pas, en écartant tout objet, motif ou figure qui s'éloigne un tant soit peu du « symbolisme » tel que nous le connaissons aujourd'hui, en adoptant une attitude trop conservatrice, de passer à côté des étapes intermédiaires, de rater la genèse du phénomène, et donc ses causes ?

Plusieurs découvertes récentes remettent en question l'idée d'une révolution symbolique associée, en Europe, à l'arrivée de l'homme anatomiquement moderne, il y a 37 000-38 000 ans. On a la preuve aujourd'hui que les derniers néandertaliens qui vivaient il y a environ 40 000 ans en France et en Italie ont fabriqué et porté des objets de parure variés, un comportement généralement interprété chez les hommes modernes comme le symptôme d'une symbolique du corps. Même si, comme le font certains, on défend l'idée que les néandertaliens ont acquis ces comportements des hommes modernes, que Neandertal a en quelque sorte imité, copié *Homo sapiens sapiens*, il devient tout de même difficile de concevoir encore le symbolisme comme le pur produit d'un changement biologique, une sorte de bénédiction donnée par l'évolution à l'espèce choisie. Nous ne devrions pas voir, dans ce cas, une transmission aussi facile d'une espèce à l'autre ! Comment expliquer, si on accepte l'hypothèse du changement biologique comme moteur de l'émergence du symbolisme, les sépultures néandertaliennes, accompagnées, dans certains cas, d'offrandes ? Comment expliquer que les hommes anatomiquement modernes qui vivaient avant 40 000 ans BP au Proche-Orient n'ont pas laissé plus de traces de leur pensée symbolique que leurs voisins néandertaliens ?

TRACES AFRICAINES

Seconde faiblesse du modèle eurocentrique de l'origine du symbolisme : la découverte en Afrique d'un nombre croissant de vestiges archéologiques, évoquant des comportements symboliques et ce, dans des sites du Paléolithique inférieur* et moyen*. Ces vingt dernières années, plus de 10 000 fragments d'ocre rouge, portant souvent les traces d'une utilisation comme crayon, ou des facettes striées témoignant d'une abrasion pour produire des poudres colorantes, ont été découverts dans une vingtaine de sites d'Afrique australe datant du Middle Stone Age (MSA*), soit 30 000 à 100 000 ans avant l'apparition de manifestations artistiques en Europe. D'après de récentes découvertes, tout porte à croire que ces matières colorantes n'étaient pas utilisées exclusivement dans un but fonctionnel. Chris Henshilwood, du musée de Cape Town, à Blombos, (province du Cap), a ainsi mis au jour dans des couches datées à 70 000-110 000 ans BP, deux colorants et un os gravés de motifs géométriques réguliers au milieu de 6 000 autres colorants tous utilisés et d'une industrie osseuse élaborée.

VIEILLES PRATIQUES

D'autres fouilles menées par Larry Barham, de l'université de Bristol, à Twin Rivers en Zambie, et les recherches de McBrearty à Kapthurin au Kenya apportent même des indices convaincants d'une utilisation symbolique de colorants au moment de la transition entre l'Acheuléen* et le Middle Stone Age. Les fouilles de Twin Rivers ont notamment permis la découverte, dans des couches datées entre 260 000 et 400 000 ans BP, de 176 fragments de colorants de cinq couleurs différentes, portant des traces d'utilisation. Cent trente-deux autres pièces proviennent de couches datées de 200 000 ans BP, ce qui semble témoigner d'une certaine continuité dans ces pratiques. Ces pièces ont été collectées par les hommes préhistoriques dans des gîtes situés à une vingtaine de kilomètres du lieu d'habitat. Selon Larry Barham, la variété de couleurs utilisées contredit l'hypothèse d'une simple utilisation fonctionnelle.

Si l'utilisation de colorants dans plusieurs sites du Middle Stone Age et les découvertes de colorants gravés s'accordent avec la vision du symbolisme comme épiphénomène d'un changement biologique – il s'agit probablement d'hommes modernes –, cela n'est pas le cas à Twin Rivers, où l'utilisation systématique de colorants est probablement associée à des types humains différents de nous, *Homo sapie*ns archaïques ou *Homo erectus*.

Des découvertes similaires ont été faites en Europe : des colorants et des os portant des incisions en série sont attestés dans plusieurs sites néandertaliens, tels Combe Grenal, Pech de l'Azé I, II, IV, Le Moustier, Caminade, bien avant l'arrivée de l'homme moderne. Au Proche-Orient, des matières colorantes portant des traces d'utilisation et des éclats corticaux de silex gravés de motifs abstraits ont été découverts dans des sites du Proche-Orient datés entre 100 000 et 50 000 ans, parfois clairement associés, comme c'est le cas à Qafzeh, en Israël, à des hommes modernes, mais peut-être associés, dans d'autres cas, aux néandertaliens, comme à Quneitra.

Le seul vestige archéologique qui pourrait attester, dans cette région, de comportements symboliques à des périodes comparables à celles des plus anciennes pièces africaines est la figurine de Berekhat Ram.

Décrit par l'archéologue Naama Goren-Inbar, de l'université de Jérusalem, puis par Alexander Marshack, archéologue au Peabody Museum de Harvard, comme la plus ancienne représentation féminine produite par une main humaine, cet objet laisse sceptiques nombre de chercheurs. L'ancienneté de l'objet ne fait pas de doute. Il provient d'une fouille menée dans le Golan entre 1981 et 1982 dans un site acheuléen.

Le niveau géologique où l'on a trouvé cette pièce est pris en sandwich entre deux couches volcaniques bien datées, indiquant que la fréquentation humaine du site est comprise entre 250 000 et 280 000 ans. Le débat qui anime aujourd'hui la communauté scientifique n'est donc pas une question de datation. Les chercheurs s'opposent sur la nature des sillons qui parcourent la pièce : ont-ils été créés par l'homme ou sont-ils d'origine naturelle ?

L'étude de cette pièce, que j'ai menée avec April Nowell, de l'université de Victoria au Canada, nous pousse à penser que l'objet a été volontairement travaillé par l'homme. L'examen de l'état de surface de centaines de fragments de tuf provenant de la couche archéologique où la pièce a été trouvée montre, contrairement à ce qui a été avancé dans le passé, que plusieurs modifications observées sur l'objet, et notamment le sillon qui entoure sa possible « tête », ne se rencontrent pas à l'état naturel sur ce type de matériau. L'analyse microscopique comparée, menée au microscope optique et au microscope électronique à balayage, de la « figurine » et de blocs de tuf que nous avons travaillés expérimentalement avec des reproductions d'outils préhistoriques semblables à ceux provenant du site ou par abrasion sur des éclats de basalte révèle les stigmates d'actions techniques.

Le « cou » et les « bras » de la figurine ont été réalisés avec une pointe lithique. Cela est confirmé par l'analyse comparée du profil des sillons archéologiques et expérimentaux. Certaines zones du fragment ont été abrasées de manière à modifier la forme naturelle de l'objet et une des facettes d'abrasion, à une extrémité, permet à la pièce de tenir debout. L'approche expérimentale nous autorise à affirmer que le façonnage de l'objet, qui a pu prendre entre quinze et trente minutes, a également produit une quantité non négligeable de poudre colorante rouge, qui a pu être utilisée par la suite.

GESTES CONTRÔLÉS

Comme nous l'avons souligné, démontrer l'origine anthropique d'une pièce ou d'un sillon ne constitue pas la preuve d'une tradition symbolique. Cette figurine est peut-être le premier exemple d'un univers symbolique encore enseveli – le futur nous le dira – ou le rare représentant « durable » d'objets réalisés plus couramment sur des matériaux périssables, comme le bois ou l'argile. Nous aurons, si tel est le cas, beaucoup de mal à le démontrer.

Le possible caractère figuratif de l'objet ne doit pas non plus être considéré comme le gage d'une pensée symbolique. Même si cette « figurine » présente un air de famille avec des représentations anthropomorphes caractéristiques d'autres aires géographiques et d'autres périodes de la préhistoire comme celles du Paléolithique supérieur européen, il est délicat, à partir d'un seul objet, de tirer des conclusions définitives. Ce qui est clair, d'après nos analyses, c'est que l'objet a été réalisé soigneusement, avec des gestes remarquablement contrôlés, et que les modifications effectuées sur cette pièce sont différentes de celles que l'on rencontre sur les colorants, simplement utilisés, découverts dans des sites du Paléolithique inférieur et moyen d'Afrique et d'Europe. Une volonté de représentation ne peut donc être exclue. Les petites dimensions de cet objet, haut de 3,5 cm, semblent infirmer l'idée d'une utilisation collective. Il ne peut s'agir d'une représentation destinée à être utilisée dans des contextes particuliers par plusieurs membres du groupe. Une utilisation personnelle, par exemple comme objet de parure, est plus probable. La fonction du sillon circulaire pourrait, dans ce cas, faciliter la suspension de l'objet. Ainsi, même si la tentation est forte de faire coïncider l'origine du symbolisme et du langage oral articulé avec celle de l'homme anatomiquement moderne et des nouvelles capacités cognitives qui accompagneraient, selon certains, l'émergence de notre espèce, un certain nombre de faits semblent contredire cette équation.

Une étude récente montre qu'une capacité crânienne d'environ 1 000 cm^3 constitue pour l'homme la limite qui marque le passage de systèmes de communication propres aux primates à des systèmes de communication fondés sur le langage oral articulé. Le cerveau *d'Homo erectus* a franchi cette frontière, il y a environ 500 000 ans. Cela a probablement créé les prémices nécessaires au développement, avec des modalités différentes selon les contextes culturels, de traditions symboliques inscrites dans la culture matérielle.

F. d'E.

IL Y A 75 000 ANS, LES PREMIERS BIJOUX

Luc ALLEMAND

La plupart des préhistoriens étaient d'accord : la fabrication et l'utilisation par l'homme d'objets symboliques auraient réellement commencé il y a 40 000 ans, en Europe. Pour certains, une mutation génétique, intervenue à cette époque, était à l'origine de nouvelles compétences cognitives de l'homme. Pour d'autres, ces compétences existaient bien avant de se manifester massivement sous l'effet de modifications sociales ou démographiques. La découverte, en Afrique du Sud, de perles en coquillages fabriquées il y a 75 000 ans remet en question toutes ces hypothèses.

Elles sont au nombre de trente-neuf, ces perles façonnées dans des coquillages. Elles n'ont que quelques millimètres de diamètre. Pourtant, elles bouleversent à la fois la chronologie et la géographie de l'apparition des symboles dans l'histoire humaine. Fabriquées il y a 75 000 ans, leur découverte fait reculer d'une trentaine de milliers d'années l'invention de la parure corporelle, donc aussi la fabrication d'objets symboliques. En outre, elles ont été trouvées à l'extrême sud de l'Afrique, tandis que les plus anciens pendentifs connus jusqu'à présent l'avaient été en Bulgarie et en Turquie.

Où et quand l'homme a-t-il commencé à utiliser des symboles ? Cette question n'est pas anecdotique : y répondre, c'est, indirectement, déterminer où et quand nos ancêtres sont devenus pleinement humains. Les hommes sont en effet aujourd'hui les seuls à posséder une pensée symbolique complexe, et à en laisser des manifestations matérielles.

Morphologiquement, les plus anciens fossiles attribués à notre espèce, *Homo sapiens*, ont 160 000 ans. Tim White, de l'université de Harvard, et ses collègues qui les ont découverts en Éthiopie, les ont prudemment attribués à une sous-espèce, *Homo sapiens idaltu*, à cause de légères différences morphologiques. Mais, pour l'essentiel, il s'agit bien de nous.

GÈNES MODERNES

Les données issues d'analyses génétiques des populations actuelles soutiennent par ailleurs qu'une forte expansion démographique s'est produite depuis l'Afrique il y a 100 000 à 200 000 ans. Ces Africains et leurs descendants se sont-ils mélangés avec les autres populations humaines déjà présentes dans les autres parties du monde ? La question est l'objet de débats animés. Mais aucun spécialiste ne conteste que l'espèce humaine telle que nous la connaissons, ce que l'on appelle par commodité l'homme moderne, s'est constituée au cours de cette période au plus tard. Toutefois, ni les fossiles ni les analyses génétiques ne donnent d'informations sur l'évolution des capacités cognitives de ces ancêtres. Cette question est du ressort des archéologues, qui reconstituent les activités des populations passées et, partant, leurs capacités, à partir des traces matérielles qu'elles ont laissées.

UNE RUPTURE, IL Y A 40 000 ANS

Or, si l'on s'en tient à ces traces, l'homme moderne semble apparaître seulement il y a 40 000 ans. Pendant la plus grande partie de la préhistoire, y compris pour la période qui nous intéresse, les traces des activités matérielles de l'homme et de ses ancêtres concernent la taille d'outils en pierre. Inventée il y a au moins 2,4 millions d'années, peut-être par un Australopithèque, cette taille témoigne d'une certaine capacité d'abstraction précoce chez les hominidés : les techniques employées nécessitent d'imaginer l'outil fini avant de commencer à tailler un bloc de pierre. Les méthodes de taille se sont bien sûr transformées au cours des millénaires, devenant plus efficaces. Toutefois, aucune évolution significative dans celles-ci, ni dans la nature des outils, n'est visible à l'époque où *Homo sapiens* serait apparu.

La première rupture dans les modes de vie et dans les façons de penser de ces hommes préhistoriques semblait, jusqu'à présent, avoir eu lieu plutôt il y a 40 000 ans, à l'époque où ils arrivent en Europe. Notamment, les archéologues trouvent, à compter de cette date, de plus en plus de vestiges de nature symbolique. En quelques millénaires, nos ancêtres ont produit un art perfectionné et figuratif. Cet art est précédé de peu par la fabrication de pendentifs, à partir de dents de carnivores ou de coquillages percés.

Les plus anciens de ces objets de parure sont deux dents percées, trouvées en Bulgarie, et datées de 43 000 ans, et cinquante-huit coquilles de gastéropodes marins percées, trouvées en Turquie dans un site côtier vieux de 41 000 ans. Cet intérêt pour la parure n'est pas resté limité à l'Europe : en Afrique, Stanley Ambrose, de l'université de l'Illinois Urbana-Champaign, a trouvé, en 1998, treize fragments de coquille d'œuf d'autruche façonnés en perles il y a 40 000 ans.

D'autres vestiges plus anciens ont été attribués à des activités symboliques. Par exemple, Francesco d'Errico, de l'Institut de préhistoire et de géologie du Quaternaire à Bordeaux, et April Nowell, de l'université de Victoria au Canada, ont démontré en 2000 qu'une figurine ayant vaguement forme humaine, trouvée en Israël, à Berekat-Ram, et datée de 250 000 ans, était bien une production humaine, et probablement pas utilitaire. Mais il s'agit d'une découverte isolée, à la fois dans le temps et dans l'espace. Comme sont isolés les traits sur un tibia de boviné de 1,4 million d'années trouvé en Bulgarie, et interprétés comme symboliques par Jean-Luc Guadelli, aussi de l'Institut de préhistoire et de géologie du Quaternaire.

De la même façon, Francesco d'Errico, Christopher Henshilwood, du Muséum sud-africain du Cap et de l'université Stony Brook aux États-Unis, et leurs collègues avaient analysé des traits gravés sur un os et sur deux morceaux de colorant ocre trouvés dans la grotte de Blombos, en Afrique du Sud, et datés de 75 000 ans. Ils en avaient conclu que leur origine n'était pas utilitaire. Mais il fallait être optimiste pour parler de symboles à propos de ces objets : le propre des symboles est d'avoir une signification partagée par un groupe, voire par plusieurs, donc d'être reproduits en de nombreux exemplaires.

La présence, sur ce même site de Blombos, de plus de 8 000 morceaux d'ocre, dont la plupart portent des traces d'utilisation, était presque plus convaincante. Les archéologues ont en effet trouvé des blocs de colorants, principalement de l'ocre, dans plusieurs dizaines de sites en Afrique et en Europe, pour la période de 300 000 à 40 000 ans. Lawrence Barham, de l'université de Bristol, a par exemple découvert plus de 300 morceaux de pigments minéraux (oxydes de fer et de manganèse) dans le site de Twin Rivers, en Zambie, datés de 270 000 à 170 000 ans. Pigments qui ont été apportés volontairement sur place et dont la diversité des colorations et des roches lui fait penser que le rassemblement de cette collection ne doit rien au hasard.

Mais les liens entre ces colorants et une activité symbolique restent une présomption. Il est difficile d'exclure totalement une fonction utilitaire qui nous échapperait : des archéologues ont ainsi proposé que l'ocre servait à la protection contre les insectes ou au tannage des peaux.

Objets isolés, ou très nombreux mais d'usage incertain : les perles en coquillages trouvées dans la même couche archéologique de Blombos que les blocs d'ocre et l'os gravé n'ont pas ces défauts ; leur caractère symbolique est sans équivoque.

COQUILLES À FACETTES

Comme d'habitude en pareil cas, C. Henshilwood, F. d'Errico et leurs collègues, qui ont étudié ces coquilles, ont d'abord vérifié que leur présence dans cette grotte n'était pas fortuite. Elles proviennent toutes de la même espèce, *Nassarius kraussianus*, un petit gastéropode qui vit encore aujourd'hui dans les estuaires marins dont le plus proche est à 20 kilomètres. Le seul prédateur connu de cet animal est un autre gastéropode, vivant exclusivement dans le même milieu. Aucune chance donc qu'un animal ait apporté là ces coquilles. Leur petite taille (moins de 5 millimètres de diamètre) exclut aussi que leurs propriétaires aient figuré au menu des habitants de la grotte. Enfin, toutes les coquilles retrouvées appartenaient à des animaux adultes. Elles ont donc été triées et non apportées par inadvertance dans des algues avec lesquelles les hommes auraient amélioré le confort de leur intérieur. Les trous aussi ont peu de chances d'être naturels. Ils sont tous disposés sur le même bord de la coquille, à un endroit que perce rarement un prédateur. Mais, surtout, toutes ces coquilles comportent des facettes dont l'observation au microscope révèle qu'il ne s'en trouve pas d'analogues sur les coquilles que l'on peut ramasser en milieu naturel. Ces facettes, situées sur le bord de la coquille et sur le bord opposé de la perforation, correspondent à des traces d'usure par frottement sur un lien ou contre des vêtements, ou encore par frottement des coquilles entre elles.

MODERNITÉ COMPLÈTE

Ces perles ont donc été portées. En outre, la disposition dans laquelle elles ont été retrouvées laisse penser aux archéologues qu'elles étaient enfilées à plusieurs sur un même lien, formant des colliers ou des bracelets. Il n'y a donc pas de doute : il y a 75 000 ans, des Africains ont confectionné et porté des parures à Blombos. Si l'on ajoute la présence de pointes de flèche et de poinçons en os, d'environ 50 000 restes de taille de la pierre, ainsi que d'abondants reliefs d'animaux de toutes sortes, aussi bien marins que terrestres, peu de chose distingue le comportement des occupants préhistoriques de la grotte de Blombos de celui des hommes modernes en Europe 35 000 ans plus tard.

Reste à expliquer l'origine de cette modernité. Que valent les hypothèses émises pour expliquer l'« explosion symbolique » d'il y a 40 000 ans ? D'ores et déjà, on peut en éliminer au moins une, défendue notamment par Richard Klein, de l'université Stanford. Selon lui, malgré une morphologie identique à la nôtre, les premiers hommes que les paléoanthropologues qualifient de « modernes » n'avaient pas des capacités intellectuelles aussi développées. Celles-ci ne seraient apparues qu'il y a environ 50 000 ans, grâce à une mutation génétique. À moins de repousser de plus de 25 000 ans la date de cette mutation, le seul site de Blombos met ce modèle en défaut.

Pour tester les autres hypothèses, il faudra attendre un peu. Ainsi, pour l'Europe, Randall White en particulier, de l'université de New York, a proposé que le développement de l'utilisation des symboles était lié à un changement d'organisation sociale, à une nouvelle façon d'appréhender le monde, peut-être favorisés par la rencontre entre les hommes modernes, nouveaux arrivants, et les néandertaliens, déjà présents. Les premiers auraient inventé la parure corporelle afin de se différencier et d'affirmer leur identité face à une population si semblable et en même temps différente, avec laquelle ils ont partagé le territoire pendant une dizaine de milliers d'années.

Dans une variante de ce modèle, défendue par Steven Kuhn et Mary Stiner, de l'université d'Arizona, l'affirmation identitaire aurait été rendue nécessaire par une expansion démographique. La densité de population augmentant, les rencontres avec d'autres groupes d'hommes se seraient faites plus fréquentes, et il serait devenu utile d'afficher qui l'on était.

Si Blombos est un cas isolé, il entrera parfaitement dans ces théories. Ce sera un exemple de plus que les hommes possédaient les capacités cognitives suffisantes pour manier des symboles bien avant d'en avoir laissé des traces nombreuses et durables. Si, en revanche, l'usage des perles et des traits gravés était répandu au sud de l'Afrique il y a 75 000 ans, il faudrait encore savoir qui peuplait cette région à cette époque. Les hommes modernes y auraient-ils rencontré de lointains cousins, par exemple des *Homo erectus*, en voie d'extinction ? Ou un environnement favorable leur aurait-il permis d'accroître leur nombre ?

Pour l'instant, toutefois, l'hypothèse à laquelle les perles de Blombos semblent apporter le plus de crédit est celle d'un développement progressif de l'usage des symboles depuis plusieurs centaines de milliers d'années. C'est même maintenant le principal argument en faveur de cette hypothèse, qui ne reposait jusqu'à présent que sur des découvertes isolées comme celles que nous avons évoquées ci-dessus. La généralisation des symboles en Europe, il y a 40 000 ans, ne serait alors qu'un artifice lié au surdéveloppement de la recherche préhistorique dans cette région du monde, par rapport aux autres continents.

L. A.

NE CHERCHEZ PAS LE BERCEAU DE L'ART

Paul Bahn

Nombre de découvertes à travers le monde prouvent qu'une recherche de l'esthétique existait bien avant le Paléolithique supérieur. L'art ne s'est pas développé soudainement : c'est un long processus étalé sur plusieurs centaines de millénaires et sur des milliers de kilomètres. Il nous faut abandonner la thèse élitiste de l'explosion artistique qui attribue une supériorité intrinsèque à notre sous-espèce et à notre partie du globe.

Ces dernières années le débat sur les origines de l'art a séparé la communauté scientifique en deux camps. Pour les uns, l'émergence de l'art est un phénomène soudain survenu il y a environ 40 000 ans au début du Paléolithique supérieur, chez des « hommes anatomiquement modernes ». Pour les autres, c'est un long et lent processus étalé sur plusieurs centaines de millénaires.

Dans un récent et remarquable ouvrage, le préhistorien Michel Lorblanchet a inventorié et ré-analysé les pièces à conviction de l'affaire, concluant en faveur du modèle « gradualiste » de l'origine de l'art, un point de vue que je partage entièrement. Question de croyance : peut-on en effet imaginer que des figurines comme celles de Vogelherd ou de Hohlenstein Stadel, découvertes en Allemagne du Sud, toutes datées à plus de 30 000 ans, voire 37 000 ans pour certaines, aient pu surgir de rien en quelques générations ou siècles ?

L'ESTHÉTIQUE DE L'OUTIL

Il est temps que soit reconnue l'existence d'un nombre croissant d'objets de toutes sortes apparemment non fonctionnels, d'échantillons montrant des décorations rudimentaires associées à Neandertal voire à *Homo erectus*, et remontant à 200 000 ou 300 000 ans.

Prenons le cas de l'outil. Il est vrai que les premiers outils ont été avant tout conçus pour des tâches pratiques. Il est vrai aussi que s'ils exercent sur nous une émotion esthétique, c'est peut-être involontaire et fortuit. Les « décorations » les plus simples qui ornent les outils et les armes, comme les incisions à la base, avaient probablement pour but d'améliorer la prise et d'augmenter l'adhérence de la main.

Mais cela n'explique pas pourquoi certaines pièces découvertes dépassent le cadre fonctionnel strict et montrent une symétrie sans doute plus esthétique que réellement utile. Pour illustrer ce point, on cite souvent les bifaces du Paléolithique inférieur, qui ont plusieurs centaines de milliers d'années. Non seulement ces objets ont été ouvragés au-delà de ce qui était strictement nécessaire, mais bien souvent les matériaux utilisés – silex fossilifères ou cristaux – dénotent une recherche esthétique. Il est probable qu'ils ont été trouvés et transportés au prix d'importants efforts.

Plus étonnant encore : certains outils de pierre ont été créés autour de fossiles, en particulier le célèbre biface découvert à West Tofts en Angleterre. Il a d'ailleurs à juste titre été souligné que les fossiles ont pu inspirer nos lointains ancêtres en leur offrant une large palette de motifs à imiter, en leur permettant de comprendre les concepts d'image et de substitution avant les toutes premières représentations. De même, la nature a probablement aussi fourni aux hominidés des objets naturellement perforés qui ont pu servir à fabriquer les premiers colliers.

Nombre de pierres et d'os incisés datés du Paléolithique inférieur ou moyen prouvent que la technique de la gravure avait atteint un haut niveau bien avant le Paléolithique supérieur. Bien qu'aucune gravure figurative n'ait encore été trouvée, on constate dans ces périodes précoces l'existence d'une forme naissante, primitive, d'expression graphique. Certes, il n'y a apparemment rien de commun entre les marques relativement simples découvertes sur les objets de ces périodes et l'art sophistiqué du Paléolithique supérieur. Mais la prudence s'impose : nous ne connaîtrons jamais les processus intellectuels qui sous-tendaient ces premières traces artistiques. Des motifs apparemment dépourvus de signification ont pu être remplis d'un sens qui nous échappe aujourd'hui.

MOTIFS GÉOMÉTRIQUES

Les partisans de ce qu'on pourrait appeler le point de vue « traditionnel » ou « élitiste », selon lequel l'invention de l'art revient à notre sous-espèce, font remarquer qu'on a trouvé très peu d'objets avant le Paléolithique supérieur, que les découvertes sont rares et trop dispersées dans l'espace et dans le temps pour pouvoir parler de tradition artistique.

C'est, selon moi, oublier l'existence et la répétition de motifs géométriques sur pierre, comme les cupules* moustériennes* découvertes à La Ferrassie en Dordogne, comme les lignes gravées en arcs trouvées sur le silex de Quneitra en Israël vieux de 54 000 ans BP ou encore sur une pierre datant du Paléolithique moyen découverte à Riparo Tagliente en Italie.

On peut d'ailleurs observer qu'un élitisme analogue s'applique à l'art de l'ère glaciaire durant le Paléolithique supérieur. Les exemples les plus abondants et les mieux connus viennent d'Eurasie : on y a découvert trois cents sites pariétaux et des milliers d'objets gravés ou sculptés. Sur les autres continents, les découvertes de productions artistiques de la même époque sont rares, dispersées, hétérogènes mais ils existent, n'en déplaise aux chercheurs qui les nient ou les négligent !

C'est l'histoire de la recherche qui est en cause. Des spécialistes décident de porter leur effort sur telle ou telle région, telle ou telle direction en fonction de présupposés. Puisqu'il est inconcevable que l'« Art » ait pu exister avant l'homme moderne, ou à l'extérieur de l'Eurasie, cela ne vaut tout simplement pas la peine de le chercher là où « il ne se trouve pas » ! Heureusement les choses changent : des archéologues motivés se sont mis à la recherche de pièces dans des sites plus anciens que le Paléolithique supérieur. Nous allons donc en trouver un grand nombre ! C'est un phénomène classique de cette discipline, qui fonctionne sur la règle du « il faut le croire pour le voir ».

RÉEXAMINER LES COLLECTIONS

On est en train de réexaminer des collections anciennes de matériel antérieur au Paléolithique supérieur et l'on y découvre des objets d'art qui avaient été jusque-là ignorés ou n'avaient pas été vus tout simplement parce qu'ils n'auraient « pas dû » ou « pas pu » être là.

Une majorité d'entre eux ont été considérés comme marques utilitaires, contaminations par des niveaux postérieurs, ou anomalies. Ce fut en particulier le cas des célèbres cupules associées aux sépultures néandertaliennes de La Ferrassie, en Dordogne. D'autres objets de la même époque ont été décrits comme des copies ou des imitations de pièces plus récentes du Paléolithique supérieur. Ce scénario a récemment été démoli : les néandertaliens d'Europe ont bien eu une production artistique propre ; ils n'ont pas simplement copié les hommes modernes (cf. l'article de Francesco d'Errico, p. 227).

Il faut aussi tenir compte du processus au cours duquel un matériau se désagrège ou se fossilise. Ces effets augmentent naturellement avec le temps : il est logique que les indices d'une activité artistique au Paléolithique moyen soient plus rares qu'au Paléolithique supérieur, et plus rares encore au Paléolithique inférieur.

C'est en outre un principe de base de l'archéologie de ne pas assimiler l'apparition d'un phénomène à ses premiers indices abondants, comme les perles et coquillages percés que l'on trouve au Paléolithique supérieur. Les premiers indices d'un phénomène ne datent pas le phénomène lui-même. Sans compter qu'il est impossible de savoir combien de pièces ont disparu parce qu'elles étaient faites de bois, de plumes, de glace, de neige, de sable ou de boue. Quant à dater l'émergence du chant, de la musique ou de la danse, qui ne fossilisent pas…

Nous ne saurons pas plus quand l'homme a commencé à se peindre le corps, à se tatouer, à se scarifier, à se coiffer. La présence de pigments très anciens sur plusieurs sites africains et australiens suggère que la pratique de la décoration corporelle s'est répandue très tôt à travers le monde (cf. l'article de Francesco d'Errico).

Pour résumer, il est extrêmement naïf de prendre les archives fossiles actuelles pour argent comptant, comme semblent le faire les partisans de l'« explosion créatrice ».

DISPARITION DE L'ART ?

Il en est de même, lorsque l'on parle d'une prétendue « disparition soudaine de l'art » après l'Azilien, à la fin de l'ère glaciaire.

En fait l'art mobilier ne disparaît pas mais persiste, évoluant progressivement vers des motifs moins figuratifs, plus géométriques. Quant à l'évolution de l'art pariétal, on ne peut pas en dire grand-chose. L'art rupestre n'a pour l'essentiel pas été daté, mais il y a de bonnes raisons de penser qu'il dure jusqu'aux débuts de l'Holocène, vers – 8 000 ans pour ne disparaître que progressivement. De toute façon, l'art des cavernes n'était sans doute pas très caractéristique de cette période : la « norme » à l'ère glaciaire était probablement l'art à l'air libre. Or seulement sept sites correspondant à cette forme d'art ont été découverts à ce jour. Comment alors considérer qu'il y a eu disparition soudaine ? L'art à l'air libre se conserve moins bien que l'art des cavernes : il n'est pas étonnant que les découvertes soient plus rares... Qui plus est, l'essentiel de l'art du Mésolithique, notamment son art pariétal, est très mal connu et n'est pas daté, ce qui rend hautement prématurées les théories qui défendent une modification brutale ou même graduelle de la production artistique.

Pour revenir à la question des origines de l'art, il me semble évident que le scénario d'une mystérieuse « explosion esthétique », culturelle ou cognitive, à la transition du Paléolithique moyen et supérieur doit être abandonné. Le scénario gradualiste a l'avantage d'expliquer ce que nous voyons dans les archives fossiles, tout en prenant en compte les distorsions et les lacunes de ces archives. Cette vision présente aussi l'avantage d'éviter le piège des conceptions élitistes et ethnocentristes qui attribuent une supériorité intrinsèque à notre sous-espèce et à notre partie du globe. Comme le souligne Michel Lorblanchet : « il n'existe pas de berceau de l'art : l'émergence de l'art se présente comme un phénomène éclaté, disséminé sur toute la planète et sur des dizaines de millénaires. »

P. B.

Cet article a été traduit par Yves Sciama.

L'APPARITION DE L'HOMME ÉTAIT-ELLE INÉVITABLE ?

Michael Ruse

S'il était possible de remonter 500 millions d'années en arrière, et de dérouler à nouveau la chaîne du vivant, l'évolution aurait-elle conduit à la même biodiversité ? Des êtres sociaux et intelligents comme Homo sapiens *auraient-ils émergé ? La possibilité que l'évolution ait un sens demeure encore aujourd'hui âprement débattue.*

Erasmus Darwin, un médecin britannique de la seconde moitié du XVIIIe siècle, était si obèse qu'un demi-cercle avait été retranché de sa table à manger afin qu'il puisse se sustenter sans trop de problèmes. Quand il partait visiter ses amis, ces derniers faisaient le plein de nourriture. Il tenait à ses trois repas quotidiens, toujours très copieux, ainsi qu'aux nombreux encas consommés entre les festins. Mais ses hôtes étaient toujours ravis de le recevoir. Erasmus Darwin était un personnage fascinant, un insatiable conteur d'histoires, toujours au fait des idées les plus avant-gardistes. Il était l'ami des révolutionnaires, français et américains. Adepte de la philosophie du progrès, il pensait que l'accumulation du savoir était théoriquement sans limite : les hommes devaient donc en tirer avantage pour améliorer leur condition ici-bas. Nul besoin, pour cela, d'attendre le Paradis.

Comme bon nombre de ses contemporains, dont le Français Jean-Baptiste Lamarck, il pensait que sa philosophie du progrès devait être envisagée dans un cadre plus général, celui de la Nature. Il y avait du progrès dans le monde animal et chez les végétaux. La vie avait débuté par le plus simple, la monade* primordiale, pour arriver au plus complexe, l'homme. Pour Erasmus Darwin – et pour Lamarck aussi –, l'idée du progrès était une autre manière de parler de l'évolution, ce processus de développement régulé qui a produit la biodiversité actuelle. L'espèce humaine en serait la forme la plus aboutie. Le récit de la Création, tel que le décrivait la Genèse, serait donc erroné. Mais Erasmus Darwin n'était pas athée pour autant : il était déiste, croyant en un Dieu omnipotent, mais impassible. Après avoir créé le monde et l'avoir mis en mouvement, Il l'aurait laissé sous le contrôle de lois immuables. En fait, l'évolution, avec l'idée de progrès comme corollaire, était pour Erasmus Darwin une sorte de substitut religieux au christianisme.

Charles Darwin, le plus célèbre des petits-enfants d'Erasmus, fut le véritable fondateur de la pensée évolutionniste moderne. Avec *L'Origine des espèces* publié en 1859, l'idée d'évolution devint une hypothèse raisonnable. Darwin y propose un mécanisme qui reste fondamental aujourd'hui : la sélection naturelle. Tous les organismes qui naissent ne peuvent survivre et se reproduire. Il y a des vainqueurs naturels, les « sélectionnés », et puis d'autres, les perdants. Le succès des uns tient dans une meilleure adaptation à leur environnement par rapport aux autres. Darwin était aussi convaincu de l'existence du progrès culturel, mais il traita seulement du progrès biologique dans son ouvrage. Il estimait que des considérations d'ordre philosophique ne devaient pas apparaître dans une œuvre scientifique digne de ce nom. Personne, pourtant, ne prit en compte ses réticences, et la plupart de ses contemporains associèrent l'idée de progrès à celle d'évolution.

UN ATHÉE FINALISTE

Le concept d'*« évolution progressive »*, comme substitut religieux au christianisme, continue aujourd'hui de prospérer. Telle est, par exemple, la position adoptée par l'Américain Edward O. Wilson, qui étudie à Harvard le développement des comportements sociaux : *« Les formes de vie, en moyenne et à travers l'histoire, ont évolué progressivement du simple et du peu vers le complexe et l'abondant. Depuis le dernier milliard d'années, les animaux, dans leur ensemble, ont évolué vers une taille plus grande, des techniques de défense et d'acquisition de la nourriture plus performantes, un cerveau et des comportements plus complexes, une organisation sociale plus subtile, un meilleur contrôle de l'environnement. »* Pour Wilson, le succès de l'espèce humaine n'est pas un phénomène contingent. Plus éloigné encore de la tradition chrétienne que ne l'était Erasmus Darwin, Wilson reste pourtant un homme profondément religieux : le progrès est le fondement sur lequel il construit sa représentation du monde. Cette représentation donne sens à tout organisme vivant alors qu'à nous, êtres humains, incombe la direction morale. Un autre scientifique qui partage certaines de ces attitudes de substitution – Dieu remplacé par l'Évolution – est le biologiste Richard Dawkins, de l'université d'Oxford. Cet athée militant va encore plus loin que Wilson : la sélection naturelle serait la cause même du progrès biologique.

On pourrait penser, à l'inverse, que la sélection naturelle est un processus tout relatif. C'est le plus adapté qui survit ? Très bien, mais les critères d'adaptation varient pourtant d'un endroit à l'autre et selon les moments. En période d'abondance, le plus adapté pourrait être le plus grand. Mais en période de famine cela pourrait être le plus petit. Il y a donc peu de perspectives pour le concept de progrès idéal. Il n'existe pas non plus de normes absolues pour la perfection.

Pour contourner ce problème, et particulièrement dans *L'Horloger aveugle* (publié par Robert Laffont, 1986) Dawkins se réfère à la notion guerrière de « course aux armements ». Il considère le cas de deux individus en compétition, où l'un d'eux acquiert un avantage notable. Le chassé se déplace plus rapidement, le chasseur suivra. Si les défenses deviennent plus solides, les mécanismes qui permettent de les pénétrer deviendront plus puissants. Prenant appui sur le fait que la course aux armements concerne aujourd'hui davantage les technologies informatiques que la force brutale, Dawkins transpose ce modèle à l'ensemble du monde animal. Conclusion : la « course aux armements » aurait fini par produire des cerveaux de plus en plus gros. Ainsi l'espèce humaine ne pouvait qu'émerger, et dominer les autres.

Mais pour quelle raison la « course aux armements » conduirait-elle à l'intelligence ? Certes, celle-ci constitue un avantage remarquable. C'est aussi une adaptation très coûteuse qui nécessite un cerveau pour s'en servir et la soutenir. Or les cerveaux, et en particulier ceux de grande taille, ont besoin d'une grande quantité de protéines pour fonctionner. Cela explique pourquoi les organismes qui sont dotés de cerveaux performants sont en général des espèces carnivores qui n'économisent pas leurs efforts pour parvenir à se procurer leur nourriture. Dans une perspective d'adaptation, un cerveau plus petit, fonctionnant avec des protéines végétales, abondantes celles-ci, serait moins coûteux.

Un opposant féroce au concept d'évolution progressive était feu Stephen Jay Gould, paléontologue à l'université de Harvard et écrivain prolixe sur les questions liées à l'évolution. Pour Gould, la présence des hommes sur la Terre était un simple accident. Faisant allusion à la météorite qui heurta la Terre il y a 65 millions d'années, Gould écrivait : *« Alors que la taille du cerveau des dinosaures n'augmentait plus, et dès lors que cette perspective disqualifiait les aptitudes du genre reptilien (...), nous devons assumer le fait que la conscience n'aurait probablement pas émergé sur notre planète si une catastrophe cosmique n'avait pas anéanti les grands sauriens. Au sens le plus littéral, nous devons donc notre existence de mammifères intelligents à nos bonnes étoiles. » (La Vie est belle,* Le Seuil, 1991*).*

Pour Gould, le cheminement de la vie ressemble à celui d'un homme ivre, marchant le long d'un trottoir, avec la route d'un côté et un mur de l'autre. Il ne peut traverser le mur. Mais, occasionnellement, sa démarche titubante le conduit à s'aventurer en dehors du trottoir. Par analogie, les formes de vie les plus simples ne peuvent devenir plus simples encore. En revanche, elles peuvent devenir plus complexes. Aucune force, toutefois, ne gouverne cette progression. Il n'y a pas de direction privilégiée. Tout est juste une question de hasard. Nous autres, humains, jugeons notre espèce comme supérieure ? Pourtant, ce jugement n'est pas celui de la Nature : nous ne sommes qu'un type d'organismes parmi d'autres. D'ailleurs, en termes biologiques, il n'est pas nécessairement évident que nous soutenions la comparaison avec certaines bactéries.

GOULD ET LE HASARD

Gould aimait se présenter comme un libre-penseur, dégagé des aspirations quasi religieuses de gens comme Erasmus Darwin ou Edward O. Wilson. Il estimait que, au contraire de ceux-ci, ses propres points de vue relevaient de la science pure. En fait, les choses sont plus compliquées. Jeune homme, Gould était un ardent défenseur du progrès biologique. Puis, vers le milieu des années soixante-dix, cet homme aux sympathies marxistes se laissa convaincre que cette idée pouvait être utilisée pour justifier les politiques racistes les plus viles. Dès lors que la nature était soumise au progrès, il n'y avait qu'un pas à faire pour positionner les Anglo-Saxons au sommet de l'échelle sociale, et les autres (incluant les Juifs, comme Gould l'était lui-même) à un moindre niveau.

Historiquement, Gould n'avait pas tort. Dans *La Mal-mesure de l'homme* (Ramsay, 1983), il explique comment, dans les années vingt, les États-Unis avaient décidé de mettre un terme à l'immigration juive, de peur que ces masses inférieures n'affaiblissent l'excellence de la société protestante. Cela dit, et autrement que par intuition ou par aversion, Gould avait-il des arguments solides pour étayer son antiprogressisme biologique ? N'admettait-il pas d'ailleurs que, probablement, quelque part dans l'Univers, un organisme aurait très bien pu évoluer vers une forme de vie semblable aux êtres humains ? Peut-être avec une peau verte et avec six doigts, mais intelligente quand même.

Cette suggestion a récemment été reprise par un adepte de l'évolution progressive, Simon Conway Morris, paléontologue à l'université de Cambridge. Ce dernier nous invite à envisager la question du progrès biologique en termes de morphologie. Conway Morris prétend que seules certaines unités ou « niches » morphologiques sont compatibles avec la vie. Cette contrainte, qui constitue une pression de sélection très forte, aurait conduit les organismes à adopter ces unités morphologiques. Pour appuyer son hypothèse, Conway Morris fait référence aux cas très nombreux de « convergence » morphologique. Le plus convaincant est peut-être celui d'une espèce de tigres à « dents de sabre », des mammifères placentaires nord-américains, qui partagent à l'identique certaines des caractéristiques morphologiques des marsupiaux sud-américains. Clairement, il existe une niche morphologique pour ces deux espèces prédatrices qui ont développé les mêmes aptitudes félines et l'utilisation de crocs acérés en forme de cisaille.

Conway Morris soutient que la convergence morphologique est un phénomène directeur. L'évolution biologique n'est pas aléatoire. Partant, Conway Morris conclut que la chaîne du vivant devait conduire inévitablement à des formes de vie intelligentes : à partir du constat de notre propre existence, nous savons donc qu'une niche d'adaptation culturelle existe, où l'intelligence et les aptitudes sociales seraient les caractéristiques majeures.

NICHE CULTURELLE

Cette niche culturelle est également celle à laquelle d'autres organismes peuvent aspirer. Nous savons quels types de fonctionnalités, comme les yeux et les oreilles, ont déjà été utilisés pour s'approprier de nouvelles niches. Nous savons, enfin, que la taille des cerveaux a crû à mesure que la pression de sélection contraignait les organismes à s'approprier des niches fonctionnelles nouvelles et encore inoccupées.

L'ensemble de ces déterminants ne produirait-il pas quelque chose d'« inévitable » ? *« Nous pourrions certes être uniques mais, paradoxalement, ces propriétés qui définissent notre unicité peuvent également être inhérentes au processus d'évolution biologique. En d'autres termes, si nous autres, humains, n'avions pas évolué, quelque chose de semblable aurait certainement émergé tôt ou tard* », écrit Conway Morris Est-ce la réponse définitive ? À en juger par l'histoire, on peut en douter. Il faut remarquer aussi que Conway Morris est un chrétien pratiquant. Pour des raisons religieuses, il est persuadé que l'apparition de l'homme sur cette Terre – ou tout au moins quelque chose qui lui ressemble – n'est pas due au hasard…

Ayant examiné les opinions des uns et des autres, quel est mon propre point de vue ? J'avoue être profondément perplexe ! Mon intime conviction me porte à croire que le progrès biologique est bien réel et que Conway Morris touche quelque chose de très important. Contrairement à Gould, je suis un darwinien convaincu : il m'est difficile d'imaginer que les événements importants de l'histoire de la vie soient de purs accidents. Je n'exècre pas le christianisme et je nourris davantage de croyance religieuse que Dawkins. Mais, paradoxalement, et d'une certaine façon, je suis aussi moins « croyant » que ce dernier : si j'ai renoncé au christianisme, ce n'est pas pour adopter un humanisme prenant sens dans un évolutionnisme biologique qui placerait les hommes au sommet. Si le Dieu chrétien n'existe pas, il est injustifié de se comporter comme s'Il existait quand même, en maintenant le statut particulier des êtres humains.

Quelles que soient nos intuitions et nos aspirations, je crains que nous n'arrivions jamais à prouver l'inévitabilité ou la non-inévitabilité de l'homme. Il vaudrait mieux renoncer à ce problème et profiter de la vie telle qu'elle nous est offerte. Mais je doute que l'on suive ce conseil. Nous sommes confrontés ici à un avatar du principe anthropique. Dès que nous nous demandons si l'apparition de l'homme est inévitable, nous affirmons la réalité de notre existence, la viabilité de notre espèce, la capacité de se poser cette question et, d'une certaine façon, nous sommes amenés à penser que nous nous situons à la fin du processus d'évolution biologique. Après cela, il est difficile d'adopter une posture… modeste. Peut-être ne sommes-nous pas « inévitables ». Mais il restera toujours malaisé d'en convenir. Je n'arrive d'ailleurs que difficilement à me persuader de ce constat : d'une certaine manière, j'espère donc aussi me tromper !

M. R.

Texte traduit et adapté de l'américain
par la rédaction de *La Recherche*.

LEXIQUE

A

Albumine sérique (l') : est une protéine contenue dans le plasma sanguin.

Allèle (l') : désigne chacune des diverses formes possibles d'un gène.
Les allèles occupent la même position sur des chromosomes homologues et gouvernent une même fonction.

Anémie falciforme (l') : est une variété d'anémie chronique due à une anomalie congénitale de l'hémoglobine fréquente en Afrique. Les globules rouges sont alors déformés en forme de faucille.

Appariement (l') : en double hélice de deux brins d'ADN est d'autant plus fort que les séquences de ces deux brins sont complémentaires.

Artefact (un) : est un terme générique désignant tout outil manufacturé, donc transformé par une action volontaire, notamment les outils de pierre taillée.
Par extension, les déchets résultant de la taille de la pierre sont également considérés comme des artefacts.

B

Biface (un) : est un outil de pierre façonné par percussion, de forme généralement ovalaire, présentant une extrémité pointue et une base arrondie.

Un biface peut être obtenu directement à partir d'un bloc de pierre ou à partir d'un gros éclat.

Il présente la particularité d'être taillé sur ses deux faces.

Bonobos (les) : sont des chimpanzés « pygmées » qu'on trouve en République démocratique du Congo.

BP : signifie Before Present, le présent étant par convention l'année 1950.

C

Châtelperronien : est une culture du début du Paléolithique supérieur propre aux néandertaliens.

Chopper (un) : est un outil de pierre façonné par percussion à partir d'un galet. Il présente la trace d'un ou plusieurs enlèvements d'éclats obtenus à l'aide d'une pierre. Ces derniers qui occupent généralement une partie seulement de la périphérie de la pièce, sont tous regroupés sur une seule face du galet. Le chopper présente ainsi un bord tranchant pouvant être utilisé dans des opérations de boucherie.

Cladisme (le) : permet de classer les espèces selon des relations évolutionnistes hiérarchiques. Les espèces sont considérées comme proches si elles partagent de nouveaux caractères du point de vue de l'évolution.

Cupule : marque arrondie à profil concave résultant d'une percussion effectuée avec un objet saillant, de la pression ou de la rotation d'une pointe.

E

Étho-archéologie (l') : est une méthode comparative fondée sur l'observation d'animaux en milieu naturel et son utilisation à des fins d'interprétation des restes archéologiques.

Eucaryotes (Les cellules) : possèdent un noyau qui renferme l'ADN, contrairement aux cellules procaryotes, comme les bactéries, dont l'ADN est libre.

F

Fossile type (le) : est le spécimen utilisé pour faire la description des caractéristiques d'une espèce, sa taxinomie.

H

Hétérozygote : qualifie un individu possédant des allèles différents sur ces deux chromosomes homologues.

Horloge moléculaire (l') : repose sut l'hypothèse que la fréquence des mutations est constante au cours du temps et identique dans toutes les lignées. Elle est calibrée en référence à des fossiles connus.

Huxley (Thomas Henry) : (1825-1895), naturaliste anglais, partisan de Darwin, auteur entre autres, de *La Place de l'homme dans la nature* (1863).

K

Kropotkine (le prince Petr) : (1842-1921) était à la fois un spécialiste du comportement animal (*L'Aide mutuelle : un facteur d'évolution*, 1902), et le principal théoricien russe du mouvement anarchiste révolutionnaire à la fin du XIXe siècle (*Les Bases de l'anarchie*, 1887).

L

Leakey (Richard) : est un paléoanthropologue kényan, fils de Louis et Mary Leakey, et époux de Meave Leakey. Depuis les années trente, ils ont tous fait d'importantes découvertes concernant les origines de l'homme.

M

Mandibule de Swartkrans (la) : qui a servi à créer le genre *Telanthropus* a plus tard été reclassée dans l'espèce *Homo ergaster.*

Méthode potassium argon (la) : permet de dater la formation des roches en mesurant la décomposition radioactive du potassium en argon.

Microsatellite (un) : est une petite séquence d'ADN constituée de motifs répétés de quelques nucléotides, et qui existe en général sous de nombreux états différents (« allèles ») dans une population.

Middle Stone Age : époque contemporaine en Afrique du paléolithique moyen et d'une partie du Paléolithique supérieur d'Europe. La culture du MSA, définie principalement à partir des formes de l'outillage lithique, présente une transition vers le Late Stone Age (LSA) vers 25 000 ans.

Miocène (le) : est la période géologique qui précède immédiatement le Pliocène.

Mitochondrie (la) : est un compartiment de la cellule qui lui sert d'usine énergétique. Elle possède un ADN qui lui est propre.

Monade (la) : dans le système philosophique de Leibniz, est une substance simple, indivisible et active, qui constitue l'élément dernier des choses et qui est douée de désir et de perception.

Moustérien (le) : constitue la principale culture du Paléolithique moyen : ce faciès industriel s'étend sur toute l'Europe sur plus de 150 000 ans.

N

Néandertaliens (les) : ont vécu en Europe et au Proche-Orient il y a entre 200 000 et 30 000 ans.

Néoténie (la) : au sens strict, est l'acquisition de la maturité sexuelle chez des animaux à l'état juvénile ou larvaire. Mais, par extension, on emploie souvent le terme de néoténie pour désigner la conservation des caractères juvéniles.

Nucléotide (un) : est l'unité de base de l'ADN et l'ARN. Il est constitué de trois types de molécules liées entre elles : une base, un sucre, et un ou plusieurs groupements phosphates.

P

Paléolithique inférieur : période la plus ancienne de la pierre taillée. Elle commence il y a 2,5 millions d'années et finit vers 500 000 ans.

Paléolithique moyen : entre – 500 000 et – 35 000 ans.

Pliocène (le) : est la période géologique qui s'étend d'environ 1,7 à 5,3 millions d'années.

Prosimiens (les) : constituent l'un des deux sous-ordres de primates (l'autre est celui des anthropoïdes). Il comprend en particulier les lémuriens, les loris et les tarsiers.

S

Séquence « brouillon » (une) : d'un génome est censée être exacte à 99 % au moins et doit comporter un nombre de « trous » assez limité.

Séquence « finie » (une) : d'un génome doit présenter moins de 0,01 % d'erreurs et très peu de lacunes. Le passage de la séquence « brouillon » à la séquence finie est long et coûteux.

Acheuléen : faciès du Paléolithique inférieur caractérisé par la production d'outils en pierre appelés « bifaces ».

T

Taxon (un) : est un groupe d'organismes formant une unité bien délimitée à chaque niveau de la classification (exemples : espèces, genres, familles).

Trivers (Rogert) : était un biologiste évolutionniste américain, auteur d'un important article : « L'Évolution de l'altruisme réciproque » (1971).

RÉFÉRENCES BIBLIOGRAPHIQUES

Arnold M.L., *Natural Hybridization and Evolution*, Oxford University Press, 1997.

Aux origines de l'humanité, sous la direction de Y. Coppens et P. Picq, Fayard, 2001.

Baffier D., *Les Derniers Néandertaliens, le Châtelperronien*, La Maison des roches, 1999.

Beaune S. A. de, *Pour une archéologie du geste. Broyer, moudre, piler, des premiers chasseurs aux premiers agriculteurs*, CNRS Éditions, 2000.

Bérillon G., Bacon A.-M., Marchal F. et Deloison Y., *Les Australopithèques*, Artcom', 1999.

Bonis L. de, « La famille de l'homme », *Pour la Science*, 1999.

Bosinski G., *Les origines de l'homme en Europe et en Asie*, Errance, 1996.

Conway Morris S., *Life's Solution : Inevitable Humans in a Lonely Universe*, Cambridge University Press, 2003

Crubézy E., Braga J. et Larrouy G., *Abrégé d'anthropobiologie*, Masson, 2002.

Dawkins R., *L'Horloger aveugle*, Robert Laffont, 1989.

Dissanayake E., *Homo Aestheticus, Where Arts Comes from and Why*, University of Whashington Press, 1999.

Donald M., *Les Origines de l'esprit moderne*, De Boeck Université, 1999.

Dunbar R.I.M., *Grooming, Gossip and the Evolution of Language*. Harvard University Press, Cambridge (Mass), 1996.

Gallay A. (sous la dir. de), *Comment l'homme ?*, Errance - Géodécouverte, 1999.

Gould S. J., *La Vie est belle*, Seuil, 1991.

Grimaud-Hervé D. et *al., Histoire d'ancêtres*, Artcom, 2001.

Guilaine J. et Zammitt J., *Le Sentier de la guerre*, Seuil, 2001.

Johanson D. et Edey M., *Lucy. Une jeune femme de 3 500 000 ans*. R. Laffont, 1983.

Johanson D. et Shreeve J., *La Fille de Lucy*, R. Laffont, 1990.

Kaessmann H. et Pääbo S., « The Genetical History of Humans and the Great Apes », *Journal of Internal Medecine, 251*, 1, 2002.

Kappler C.-C., *Monstres, démons et merveilles à la fin du Moyen Age* (deuxième édition), Payot 1999.

Klein R., The Human Career : *Human Biological and Cultural Origins*, Second edition, Chicago, University of Chicago Press, 1999.

Ladygina-Khots N.N., *Infant Chimpanzee and Human Child*, Oxford University Press, 2002.

« La Naissance de l'art », *La Recherche Hors-série, n° 4*, novembre 2000.

Leakey R., *L'Origine de l'humanité*, Hachette, coll. « Pluriel », 2000.

Lorblanchet M., *La Naissance de l'art. Genèse de l'art préhistorique*, éditions Errance, 1999.

Pääbo S., « The Mosaic that is our Genome », *Nature, 421*, 409, 2003.

Philippon P., « Entre homme et chimpanzé, le cerveau balance… », *La Recherche*, octobre 2002.

Picq P., *Au commencement était l'homme*, Odile Jacob, 2003.

Picq P., *Les origines de l'homme, l'odyssée de l'espèce*, Tallandicr, 1999.

Schalchli L., « Ces gènes qui font l'homme », *La Recherche Hors-Série*, n° 12, juillet 2003, p. 30.

Tinland F., *L'Homme sauvage :* Homo ferus et Homo sylvetris, *de l'animal à l'homme*, Payot, 1968.

Waal Frans B. M. de, *Bonobos : le bonheur d'être singe*, 1997 ; trad. Fayard, 1999.

Waal Frans B. M. de, *La Politique des chimpanzés*, 1982 ; trad. Odile Jacob, 1995.

Waal Frans B. M. de, *La Réconciliation chez les primates*, 1989 ; trad. Flammarion, 2001.

Weissenbach J., « Differences with the relatives », *Nature, 429*, 353, 2004.

Wilson E.O., *La Diversité de la vie*, Odile Jacob, 1993.

SITES INTERNET

http://anthro.palomar.edu/homo2/default.htm

Un aperçu de l'évolution biologique et culturelle des homo sapiens archaïques et modernes. Un plus ludique : des mots croisés interactifs sur l'évolution de l'homme moderne. Site tenu par Dennis O'Neil, du département des sciences du comportement du Palomar College, San Marcos (Californie). En anglais.

www.chineseprehistory.org

Le centre d'étude de la préhistoire chinoise présente les preuves fossiles de l'évolution humaine en Chine. Ce site, tenu par Dennis A. Etler (thésard du centre), propose un catalogue des fossiles humains chinois. En anglais.

www.culture.fr/culture/arcnat/lascaux/fr/index.html

Site de la grotte de Lascaux, en Dordogne. Beau site, pédagogique, interactif, riche. On trouve sur le même portail un site consacré à la grotte Chauvet. En français.

www.eva.mpg.de

L'Institut Max Planck pour l'évolution anthropologique s'intéresse au développement humain selon plusieurs angles : psychologique, génétique, linguistique. Certaines équipes cherchent à comprendre l'évolution humaine en étudiant le développement de l'enfant, et celui du primate. En anglais.

www.insticeagestudies.com

L'institut des études de l'âge de glace, dirigé par Randall White, s'intéresse aux systèmes symboliques du paléolithique, à la paléoécologie, à l'utilisation du paysage et à l'organisation sociale. Le but du site : contribuer à la recherche et à l'enseignement de l'évolution de l'homme et de la préhistoire du Pléistocène tardif. En anglais.

http://ls.berkeley.edu/dept/anth/

La faculté d'anthropologie de l'université de Berkeley (Californie) propose un vaste champs d'étude incluant l'anthropologie physique, l'ethnologie, et l'archéologie. Site en anglais.

www.modernhumanorigins.com/hominids.html

Pour mieux comprendre l'évolution humaine. Ce site propose une classification des hominidés et non-hominidés, des définitions de paléoanthropologie et des articles du concepteur David Kreger, paléoanthropologue. En anglais.

www.neanderthal.de

Le musée de Neandertal, dans la vallée Neander (Allemagne), retrace l'histoire de l'évolution humaine. Sa particularité : il se trouve, comme son nom l'indique, près du site où fut trouvé l'homme de Neandertal en 1856. En anglais, en allemand ou en néerlandais.

www.talkorigins.org/faqs/homs/specimen.html

Classification des espèces d'hominidés, de la plus ancienne à la plus récente. Site tenu par Jim Foley. En anglais.

www.u-bordeaux1.fr/anthropologie

Ce site présente les thèmes de recherche (ostéobiographie, anatomie fonctionnelle, imagerie tridimensionnelle, histoire des populations, pratiques mortuaires…) du laboratoire bordelais d'anthropologie des populations du passé. Description et photographies des chantiers de fouilles. Liens vers des musées, des instituts, des sociétés savantes, et des outils de recherches bibliographiques. En français.

www.wits.ac.za

L'université de Witwatersrand, à Johannesburg (Afrique du Sud), regroupe dans une même école la géographie, l'archéologie et l'étude de l'environnement (www.wits.ac.za/geography). D'autre part, sa faculté de santé possède un département des sciences anatomiques (www.wits.ac.za/fac/med/ana_sciences/index. html), dont les intérêts s'étendent de la paléoanthropologie à la physique anthropologique. En anglais.

LES AUTEURS

Allemand (Luc)
Est rédacteur en chef adjoint de *La Recherche*.

Bahn (Paul)
Écrivain et journaliste, spécialiste de l'art préhistorique, Il a écrit, coécrit et dirigé de très nombreux ouvrages dont *Journey through the Ice Age*, University of California Press, 2001, et *Archaeology : Theories, Methods, and Practice*, Thames & Hudson, 2004.

Beaune (Sophie A. de)
Professeur à l'université Jean-Moulin à Lyon et chercheur associé au laboratoire Archéologies et Sciences de l'Antiquité à Nanterre, elle a notamment publié *Les Hommes au temps de Lascaux*, Hachette, 1999.

Braga (José)
Maître de conférences à l'université Bordeaux I, il travaille aussi au laboratoire d'anthropologie des populations du passé. Il fouille en particulier en Afrique du Sud. Il est coauteur de l'ouvrage *Anthropobiologie*, Masson, 2002.

Clarke (Ron J.)

Chercheur au Département d'anthropologie et de génétique humaine de l'université Johann Wolfgang Goethe de Francfort-sur-le Main, en Allemagne, et à l'Unité de recherche de Sterkfontein, département d'anatomie de la faculté de médecine de l'université du Witwatersrand, en Afrique du Sud. Depuis 1995, son équipe dégage dans la grotte de Sterkfontein un fossile quasi complet d'Australopithèque.

Coolen (Isabelle)

Est ingénieur de recherche au CNRS, à l'institut de recherche sur la biologie de l'insecte, à Tours.

Coppens (Yves)

Professeur au Collège de France, titulaire de la chaire de paléoanthropologie et de préhistoire, il a notamment publié *Le singe, l'Afrique et l'Homme*, Fayard, 1983, et *Le genou de Lucy*, « Poches », Odile Jacob, 2000. Il codirigeait l'expédition paléontologique qui a découvert Lucy en 1974.

Crubézy (Éric)

Professeur à l'université Paul-Sabatier de Toulouse, médecin et anthropologue, il s'intéresse particulièrement à l'ADN ancien. Il a dirigé des fouilles en Mongolie et en Égypte. Il est coauteur de l'ouvrage *Anthropobiologie*, Masson, 2002.

Cyrulnik (Boris)

Directeur d'enseignement aux facultés de médecine de Marseille, et de lettres et sciences humaines de Toulon, il est l'auteur notamment de *Mémoire de singe et paroles d'homme*, Hachette 1983, Hachette-Pluriel 1984, *Les Nourritures affectives*, Odile Jacob, 1993, *L'Ensorcellement du monde*, Odile Jacob, 1997 et *Parler d'amour au bord du gouffre*, Odile Jacob,

2005. Il signe régulièrement une chronique dans le magazine *La Recherche*.

Delisle (Richard)

Affilié aux départements d'anthropologie de l'université McGill et de philosophie de l'université de Montréal, il a soutenu une thèse sur l'histoire et l'épistémologie de la paléontologie humaine à l'université du Witwatersrand, en Afrique du Sud.

Dunbar (Robin)

Professeur de psychologie évolutionniste à l'université de Liverpool, il a publié en 2004 *The Human Story*, Faber & Faber.

Errico (Francesco d')

Préhistorien, directeur de recherche au CNRS, rattaché à l'Institut de préhistoire et de géologie du Quaternaire, université Bordeaux-I, c'est un spécialiste des techniques préhistoriques et des premiers comportements symboliques.

Falk (Dean)

Est professeur d'anthropologie à l'université d'Albany (États-Unis) et spécialiste de l'étude des moulages endocraniens.

Feldman (Marcus)

Professeur au département de biologie à l'université Stanford (États-Unis), il est spécialisé dans l'utilisation de modèles mathématiques et informatiques pour étudier les processus de l'évolution.

Gallay (Alain)

Professeur émérite de préhistoire à l'université de Genève, il a dirigé l'ouvrage *Comment l'homme ?*, Errance/Géo-découverte, 1999.

Holliday (Trenton W.)

Professeur associé au département d'anthropologie de l'université Tulane à la Nouvelle-Orléans (États-Unis), c'est un spécialiste de l'homme de Néandertal. Il fouille régulièrement au Portugal et en Roumanie.

Johanson (Donald)

Professeur d'anthropologie à l'université d'État d'Arizona à Tempe, il a fondé et dirige l'Institute of Human Origins dans cette université. Il codirigeait l'expédition paléontologique qui a découvert Lucy en 1974.

Jordan (Bertrand)

Directeur de recherche émérite au CNRS, il a créé en 2000 la Génopole de Marseille. Il est l'auteur de nombreux ouvrages de vulgarisation dont le dernier, *Chroniques d'une séquence annoncée* (éditions EDK, 2003), retrace le déroulement du « Projet génome humain ».

Joulian (Frédéric)

Est maître de conférences à l'EHESS, directeur adjoint du laboratoire d'anthropologie sociale (CNRS, EHESS, Collège de France). Il a en particulier codirigé l'ouvrage *La culture est-elle naturelle*, Errance, 1998.

King (Mary-Claire)

Est professeur de génomique et de médecine à l'université de Washington, à Seattle (États-Unis).

Klein (Richard G.)

Professeur d'anthropologie à l'université Stanford (États-Unis), il a publié *The Human Career*, The University of Chicago Press, 1999.

Laland (Kevin N.)

Professeur à l'université de St. Andrews, en Écosse, il y dirige le laboratoire d'évolution sociale et d'apprentissage. Il est l'auteur de plusieurs ouvrages dont *Sense and Nonsense : Evolutionary Perspectives on Human Behaviour*, Oxford University Press, 2002.

Lewontin (Richard)

Titulaire de la chaire Alexander Agassiz de Zoologie à l'université de Harvard (États-Unis), il a publié de nombreux ouvrages sur l'évolution, en particulier *La triple hélice*, Seuil, 2003.

Pääbo (Svante)

Dirige le département de génétique de l'institut Max-Planck d'anthropologie de l'évolution à Leipzig. Après des études de biologie cellulaire et moléculaire, il est parmi les premiers, au milieu des années 1980, à s'intéresser à l'ADN des fossiles. Il donne le véritable coup d'envoi de ces recherches en 1985, en publiant des séquences génétiques extraites de momies égyptiennes. En 1997, c'est encore sous sa direction qu'est publiée la première séquence génétique extraite d'un néandertalien. Ces dernières années, il a étendu les travaux de son équipe aux comparaisons entre notre génome et celui des grands singes.

Pigeaud (Romain)

Est docteur en préhistoire et journaliste.

Postel-Vinay (Olivier)

Est journaliste scientifique. Il a dirigé la rédaction du magazine *La Recherche*.

Ruse (Michael)

Professeur de philosophie à l'université d'État de Floride. Il est l'auteur de nombreux ouvrages sur l'histoire et la philosophie des théories évolutionnistes, dont *Darwin and Design : Does Evolution Have a Purpose ?*, publié en 2004 par Harvard University Press.

Sciama (Yves)

Est journaliste scientifique.

Waal (Frans B. M. de)

A travaillé avec les chimpanzés du zoo hollandais d'Arnhem, d'où est issu son livre *La Politique des chimpanzés* (1982, trad. Odile Jacob, 1995 ; nouvelle édition américaine revue et augmentée, 1998). Il est actuellement professeur du comportement des primates au département de psychologie de l'université Emory à Atlanta (Géorgie) et directeur du Yerkes Regional Primate Research Center. Il a aussi publié *La Réconciliation chez les primates* (1989, trad. Flammarion, 2001), *Good Natured : The Origins of Right and Wrong in Humans and Others Animals* (1996) et *Bonobos : le bonheur d'être singe* (1997, trad. Fayard, 1999).

White (Randall)

Est professeur dans le département d'anthropologie à New York University, spécialiste de l'art et de la parure de Paléolithique supérieur européen. Il fouille régulièrement en France. Il a publié *L'Art préhistorique dans le monde*, La Martinière, 2003.

Zeitoun (Valéry)

Chargé de recherche au CNRS, il dirige la mission archéologique française en Thaïlande.

Cet ouvrage a été imprimé par la
SOCIÉTÉ NOUVELLE FIRMIN-DIDOT
Mesnil-sur-l'Estrée
pour le compte des Éditions Tallandier
en avril 2005

Composé par Nord Compo
à Villeneuve-d'Ascq

Dépôt légal : mai 2005
N° d'édition : 3060 – N° d'impression : 73722
ISBN : 2-84734-225-7

Imprimé en France – Printed in France